THE ESSENCE OF BUSINESS

商业的本质

宋政隆◎著

中国商业出版社

图书在版编目（CIP）数据

商业的本质 / 宋政隆著 . -- 北京： 中国商业出版
社，2020.9
ISBN 978-7-5208-1220-7

Ⅰ . ①商⋯　Ⅱ . ①宋⋯　Ⅲ . ①企业管理 Ⅳ .
① F272

中国版本图书馆 CIP 数据核字（2020）第 151079 号

责任编辑：杨林蔚　佟　彤

中国商业出版社出版发行

010-63180647 www.c-cbook.com

（100053 北京广安门内报国寺 1 号）

新华书店经销

三河市长城印刷有限公司印刷

＊

710 毫米 ×1000 毫米　16 开　13 印张　185 千字

2020 年 9 月第 1 版　2020 年 9 月第 1 次印刷

定价：48.00 元

＊＊＊＊

（如有印装质量问题可更换）

前言

　　中国的商业源起于先秦时期的商国。自商业活动出现之日起，它就始终围绕着一个本质：价值交换。即便是对于今时数量、体量巨大的现代企业而言，是否能够获得商业成功，仍然取决于企业是否能够创造出符合市场期望的价值，顺利完成价值交换活动。为此，企业必须有效突破那些可能妨碍企业顺利经营的困境。

　　为了实现商业成功，企业必须加强对以下几个关键词的把控：（1）商业盈利模式；（2）核心竞争力；（3）市场响应速度；（4）合作互联；（5）创新；（6）品牌塑造；（7）领导能力；（8）执行能力；（9）人才优势。本书的整体框架体系也是据此建构起来的。

　　（1）商业盈利模式。商业盈利模式决定企业以什么方式组织价值交换活动，让客户愿意长期购买其产品或服务，要想实现商业成功，这是需要最先明确的主题。

　　（2）核心竞争力。核心竞争力是企业制胜于市场的决定性因素。一个没有核心竞争力的企业，在处于风口时可以勉强迎风低飞；但在如今的时代环境下，这样的企业则会快速消亡。

　　（3）市场响应速度。在如今这个时代里，几乎所有企业都在比拼速度。企业唯有火速推出满足客户需求的商品，并进行持续的迭代升级，才能让自身产品长期占据市场制高点。

　　（4）合作互联。商业不是依靠一己之力就能完成的。在大商业环境下，

企业需要以开放合作的态度，与更多商业主体建立良好的联系，以此得到更强大的合力效果。

（5）创新。随着时代的变化，客户需求越来越多样化，他们希望看到企业供给更多与众不同的商品。这便要求企业必须具有创新思维，不能停止各种创新活动。

（6）品牌塑造。品牌代表着企业在某一个行业之中不可撼动的地位与强大优势，也是企业的至高荣誉。如果在标签的支撑之下，企业的产品表现足够优秀，那么企业便可借助品牌标签来实现获利。

（7）领导能力。如果企业是一艘大船，那么企业领导者便是船上的掌舵者。企业需要他们来引领，为企业把握未来趋势，瞄准行动方向，以此确保企业能够始终在一条正确的道路上前行。

（8）执行能力。企业的整体执行力是商业实现的直接保障。如果企业个体的专业能力不足、约束失当、行为打折扣等，那么企业纵然做好了前沿、高端的上层设计，一切也不过是空中楼阁。所以，执行力必须作为企业的关键把控点。

（9）人才优势。得人才者得天下。对于企业而言，要拥有足够多的优秀人才，形成足以碾压竞争对手的强悍优势；同时要将这些人才聚集起来打造成一个事业共同体，人尽其才，合而发力，共同实现商业成功。

衷心希望本书能够对读者朋友们有所启发，能帮助大家形成一种更开放、更系统的思维模式，让大家愿意采取一种更有活力的企业运作模式，去推动现代商业模式的成功运作。

笔者在书稿的创作过程中，获得了众多管理同行的帮助，在此表示感谢！因经验有限，书中可能存在需要进一步推敲的观点和见解，亦恳请读者朋友们不吝指正。

2019 年 6 月

目录

第四章

正道经营，优化合作，掌控互联之道

第五章

以创新思维推进企业发展，打造独特的商业优势

第六章

夯实品牌，强势营销，圈出自己的一席之地

第七章

高瞻远瞩，理性风控与决策，呈现领导者风范

第八章

自我约束，专业严谨，持续提升个体执行力

第九章

人尽其才，打造事业共同体，共同实现商业成功

第一章
聚焦商业模式，积极创新转化，
保障稳定经营

关于商业，人们最常谈论的一个问题是：你的商业模式是什么？其实很简单。比如，饮料公司通过生产饮料而后与消费者买卖交易，实现价值交换；快递公司以运送物资的形式，为消费者提供运输服务，由此实现价值交换……这都属于商业模式。

但是，为什么有的企业市场经营火爆，而有的企业却门庭冷落？为什么有的企业能够短期内收获高额的利润，但却因声名狼藉而迅速走向末路？企业应如何确定最适宜自己的商业模式，开发出契合用户需求的产品（或服务），又应如何确保在自己设计的商业运作与盈利模式下盈利，实现真正意义上的、长期的商业成功呢？这是我们即将探讨的主题。

一、锁定核心驱动力，设计新型盈利模式，开启商业之窗

判断一个企业是否获得商业成功，有两个关键点：一是该企业能否创造出某一价值载体，它可以是有形的，也可以是无形的；二是能否让这个价值载体顺利实现价值交换。而衔接这两个关键点的是一套切实可行的商业运作与盈利模式，这是确保企业能够生存下去并持续发展的基础。

1. 立足目标产业，聚焦核心驱动力，驱动商业成功

成功的商业运作会受很多要素（如市场、政策、资金、技术、人才等）影响，而且不同的要素发挥着不同的作用。比如，社会经济发展为商业成功提供潜在购买力，它决定了消费者的购买力；科学技术进步为商业成功提供潜在产品，它决定了企业的生产能力；观念的变化为商业成功提供风向标，它反映了消费者的真实需求。这些要素是商业成功的共同驱动力。

但是就某个时期来说，立足于某个领域的商业成功往往是以某个要素作为核心驱动力，发挥主导作用。比如，IT业是采取技术驱动模式的，如果从事IT业者不能敏锐捕捉到技术趋势，那么必然会在市场竞争中败北。所以，若要追求商业成功，那么必须先明确所选行业的核心驱动力。

以婴童产品行业为例，这一行业目前的核心驱动力是育儿观念，即育儿观念会影响消费者的需求、认知、购物选择，进而影响企业在商业实现方面的设计与创新。比如，一些婴童产品原本销路极佳，但突然在某一天，消费者的育儿观念发生了转变，于是他们放弃了这类产品。学步车的市场发展情况便是一个典型的例证。

学步车是宝宝会走路之前的学步工具。它一度非常受消费者欢迎，因为借助这一产品，可以把宝宝放在一个相对安全的小空间里，家长暂时不必看护宝宝，可以转而去做一点自己的事情。而且，这一产品来自西方，部分中国人对这种"舶来品"较为接受，愿意为其买单。

然而，到了 2004 年，加拿大开始禁止学步车销售、广告宣传和进口。2011 年，一家英国医疗学术机构公开发布了学步车之于婴儿学步的影响的研究结果。结果表明，通过爬行和站立学习走路的婴儿学会走路的时间要比用学步车的婴儿早 3~4 天。也就是说，学步车并不利于宝宝行走，反而会造成诸如智力发育减缓、平衡能力减弱以及歪头、扁平足、踮脚走路等负面影响。自此，消费者自然不愿意再为学步车继续买单了，学步车产品遭到冷遇、商家无法盈利也是自然而然的事情了。

在这个案例中，育儿观念作为核心驱动力，深度影响着婴童产品的商业实现。这给人们一个启示：企业在选择某一商业领域后，必须明确其核心驱动力，并考虑如何让这一驱动力有效驱动商业发展，这是企业进行商业模式特别是盈利模式设计的基础。

2. 依循市场变化，探寻独特的商业模式，打造竞争优势

彼得·德鲁克说过："当今企业之间的竞争，不是产品之间的竞争，而是商业模式之间的竞争。"所谓"商业模式"主要是指商业价值的定义、传递、获取的整个过程。通俗地讲，商业模式是一种赚钱方式，即企业以什么方式来获得盈利。

（1）探寻商业模式的发展阶段

商业模式的发展主要经过了三个阶段，并呈现出一些典型的特征，如表 1-1 所示。

表1-1　商业模式发展阶段及其特征

商业模式发展阶段	商业模式特征
店铺模式	店铺模式是最早的商业模式，是经营者选择消费者多的地方开店提供产品或服务的一种模式。当时的大背景是市场需求旺盛，产品供不应求。不论生产什么，消费者都会抢着买，比如福特汽车
"剃刀与刀片"模式	又称为"搭售"模式，最早出现在20世纪初期。商家通过搭售方式推销商品，刺激消费者需求。这种情况下，基本产品必须和搭售产品一起销售才能发挥作用。因此，买方不得不花高价格选择配套的搭售产品。不过，强行搭售可能违背消费者的意愿，损害消费者的利益，最终给企业带来损失
其他模式	20世纪50年代出现了麦当劳"特许经营+地产盈利"的商业模式，20世纪60年代出现了沃尔玛"超市和仓储式销售合二为一"的商业模式，20世纪80年代出现了戴尔的直销模式，20世纪90年代出现了星巴克咖啡——"咖啡文化"商业模式 自21世纪以来，中国出现了更多商业新生态，如阿里巴巴的"互联网+营销"模式，创造了方便快捷的网上交易渠道；华为的"通信解决方案"模式，围绕设备的整个周期形成了一套独属于自己的产品线

（2）不断调整或创新商业模式

在不同阶段，不同的商业模式有其独特的竞争优势。随着经营理念的发展和消费者价值取向的改变，企业需要不断地调整并重新研究自己的商业模式。常见的商业模式的创新有以下三种路径。

一是重新定义客户。这就需要企业在确定目标市场之后，根据市场需求，重新定位客户的价值主张，及时满足客户的最新动态需求。

二是提供合适的产品或服务。合适的产品或服务，既要满足客户的需求，同时也要实现差异化。差异化意味着产品或服务具有难以模仿的价值属性，更有利于企业商业之路的开启和实现长期盈利。

三是改变盈利模式。盈利模式的设计与创新，都要求企业必须明确一个问题：对什么产品或服务通过什么样的方式来获得盈利？在企业发展未成熟的阶段，企业的盈利模式大多为自发形式，即企业对如何盈利、未来能否盈利是缺乏清醒认识的。随着市场竞争的日趋激烈以及企业发展的逐渐成熟，企业需要重视对自身盈利模式进行研究，并对盈利模式加以自觉调整和设计。

3. 以新型盈利模式开拓市场，打造立体化的盈利结构

过去的企业大多以销售有形产品这种单一模式来获得盈利，而如今的企业则会通过不同的盈利模式（比如，服务、品牌、包装、纪念价值、机会、资格、概念、方案等）来获得盈利。

比如，茶叶销售商不仅通过销售定制产品来获得盈利，还通过销售服务、茶道文化来获得盈利；饭店经营者不仅可以通过日常餐饮、酒席婚庆等获得盈利，还可以通过后端衍生产品来获得盈利；经营百货商品的超市不仅通过销售商品来获得盈利，还通过会员管理获得盈利。

如今，但凡成功的商业经营者往往会打造两种以上的盈利模式，形成立体化盈利结构。所以，商业成功者必须衍生更为丰富的盈利思维，拓展新型盈利模式。

二、把握客户需求，实施商业转化，打造价值载体

任何商业模式都离不开一个非常关键的要素——产品或服务。企业必须借助一个产品或服务载体，来实现价值交换；没有载体的存在，任何商业模式都是空谈，无从实现。

若要追根溯源，产品或服务载体的商业设计与研发主要需要关注客户的痛点。可以说，几乎每一个创业项目和每一款产品都与客户某方面的痛点有关，每一款产品都是为了解决客户在某方面感受到的痛点而出现的。

1. 击中客户痛点，以产品转化创造商业机会

痛点是客户在使用产品或接受服务时感到不舒服、不满意甚至痛苦的接触点。如果将客户的痛点转化到产品上，那么它便会是那些被大多数人多次表述的、有待实现的功能需求。

人人车的创始人李健是一个汽车爱好者，他回忆自己在二手车市场上的交易经历时，用"特别糟糕"四个字来形容市场里的乱象：卖车的人被拦着不让走；看车的人摸不到车。他还发现，在二手车交易时存在两个突出问题：一是那些谎报使用年限和行驶里程的二手车车主会让车卖得更好；二是一辆车在从经销商到消费者手里的过程中，价格发生了很大变化。所以，李健决定打造一个二手车交易平台，并特别着重通过重建诚信机制来维护供求关系和吸引客户。

为此，人人车将服务过程分为三个阶段，分别是收车、卖车和售后。

首先，人人车会派一位专职评估师，去车主家或工作场所检测车辆情况，判断是否存在隐患或破损之处，确认收车；然后，人人车会找到相应感兴趣的买家，由销售人员带着买家到卖家那里看车，在人人车的协助下达成交易；待过户完毕后，即进入售后环节。

在这一交易过程中，买卖双方直接交易，买方把钱直接转入车主的账户，而人人车的服务费为车辆成交价格的 3%，并在售后阶段为客户提供一系列增值服务。例如，汽车行驶路程一年 2 万公里的质量保障，为期 14 天的退车承诺，以及在联盟体系中尊享七折的维修保养等。

可见，客户痛点即隐性功能诉求点，是一款产品产生的根源和基础。企业必须认真对待客户对产品的期望和抱怨，从中总结出客户的痛点，而后想方设法去击中客户某一个或几个方面的痛点，由此帮助企业创造新的商业机会。

2. 聚焦核心需求，引爆市场，创造商业奇迹

击中客户痛点，并不需要击中客户的所有痛点，而应聚焦于客户的核心痛点。为此，企业需要站在客户的角度，感同身受地寻找客户的核心痛点，以更针对性地满足客户需求，借之引爆市场。在商业实践中，可以采取两种方法：一种是数据分析法，另一种是痛点放大法。

（1）数据分析法

借助数据分析技术，可以帮助企业将客户的感性判断和感性偏好转化为定量分析，这对于企业分析客户痛点并满足其需求来说是具有重要意义的。

快牙是一款移动终端之间发现、分享数字和内容的平台，是目前全球最快、最便捷、最自由的移动分享工具。通过快牙，用户可以与朋友分享智能终端上的应用、音乐、照片、视频等。王晓东称，有一次他想用手机

传送10M的紧急邮件，结果以失败告终——而这种情况反映的问题是很多用户的痛点。经过对这个痛点相关问题的不断深入研究以及对产品进行加减法论证，快牙很快便实现了活跃用户达千万量级以上。

快牙的出现正值中国低价安卓智能手机进入二、三线城市的时期，这些城市的用户对于手机的理解还停留在功能机时代，故而对文件共享的需求比一线城市更加强烈。发现这一点之后，快牙开始打造友盟统计分析平台，并借助平台数据掌握了用户的地域分布、活跃时段、分享喜好等一系列信息。每次遇到新品发布时，快牙运营人员会紧盯各版本新增、活跃数据、新增版本与用户群体的交叉分析。通过严谨的数据分析，不断地跟进用户的痛点与需求，快牙全力巩固了其市场空间并拓展出更多商业机会。如今，快牙持续开发的跨平台和矩阵产品已经获得了6亿多用户的深度认可。

（2）痛点放大法

放大客户的痛点，是指将客户原本不太在意或者略有不满的痛点予以放大，使之感到难以继续忍受，然后再推出自己的产品，以解决客户这种被放大的痛点。

小米手机的定位是"发烧友手机"，在小米之前，这种手机都是一些职业手机玩家或者游戏玩家追求拥有的。小米的出现，将其发烧友的规模扩大，同时对一些手机细节予以改进和完善，然后通过大规模的营销使得那些用户本来忽略的不满被迅速放大，使其成为用户无法忍受的痛点。如此一来，消费者开始主动关注小米的改善点，小米借"发烧友手机"的定位得以在市场上开拓出一席之地。

如果企业能够运用好数据分析，准确把握并解决客户的核心需求，那么新型商业模式便可以宣告诞生了。

3. 颠覆传统认知，为客户全力打造极致体验

从市场价值交换的实践来说，任何一款让客户愿意参与价值交换的产品，必然具有这样的特质：方便、贴心、人性化，让客户感受到极致愉悦。

我们以海底捞——一家传统餐饮企业为例。如果在一家生意火爆的餐厅吃饭，客人的痛点是什么？等位。作为客人，自己饿着肚子的同时看别人用餐，这是让人非常痛苦的"痛点"。而海底捞颠覆传统等位模式，设计了一种新型等位模式，甚至让等位变成了一件令客人愉快的事情。

比如，取得就餐号的客人可以坐在等位区，享受服务员奉上的各种免费水果、饮料和零食；如果多人就餐，服务员还会主动提供扑克牌、跳棋、围棋之类的游戏工具，供众人消遣；客人可以在等餐时间里做做免费美甲或擦擦皮鞋，也可以通过向海底捞的公众号发送自己需要打印的照片而免费得到两张美图照片。

此外，有的海底捞餐厅还购买了华为的视频系统，使人以 1∶1 的比例出现在视频里，实现了两地的亲朋好友在视频中聚餐的体验；它还与百度合作，在店内打造了 360° 全景拍摄功能，使客人不必亲自到店即可选位，甚至实现了店内导航技术的应用。

如果说餐厅为客人提供等位场所以及消遣项目解决了客人就餐的一般痛点，那么，美图打印机、1∶1 视频服务以及全景拍摄选位和引导功能，则通过颠覆传统认知，让客人获得了一种极致体验。

最重要的是，客户非常喜欢这种体验，并愿意为这一体验付费。这是海底捞火遍全国、持久经营的秘诀，是从满足客户需求向实现商业载体转化的根本出发点，也是一个值得商业经营者持续学习与探索的方向。

三、打造高收益组织，保持现金稳定，实现稳健经营

在确定了商业方向和具体介质的基础上，企业即需从经营角度去探讨稳定经营的问题了。商业经营的持续运作，需要考虑两个重点问题：一是高收益性，二是现金流的稳定性。

1. 设计最适宜的企业利润率

人们普遍认为，一部分行业的整体利润率相对较高，而另一部分行业的利润率又相对较低。比如，游戏软件行业往往被人们视为整体利润率较高的行业。但是，判断企业的利润率高低时，不应该单纯以企业所属行业为根据，也并非所有游戏软件开发企业都能长期保持高利润率。一般来说，当一款游戏软件在市场上持续畅销时，企业的利润率会极高；但是如果这款游戏软件受到市场冷遇时，利润率又会急转直下。所以，对于"游戏软件企业的利润率是否丰厚"的评价，并不能一概而论。

换言之，无论身处哪一行业之中，企业都有可能创造出合适的利润率。即便选择进入一个被普遍认为"低收益"的行业中，企业仍然可以通过实施有效的成本控制来创造高利润率。

"日本经营之圣"稻盛和夫依据制造业的利润率要求进行了重点分析。他指出，如果人们利用全部能力制造各类产品，而后所得的利润率约等于银行利率，那么从商业盈利角度来说，就没有必要继续经营下去。一个企业至少应该实现高于银行利率一倍的利润率——创造 10% 以上的盈利，才有持续经营的意义。

稻盛和夫认为："要想经营一项事业，如果无法实现最低为 10% 的税前利润率，就等于还没有进入经营管理的大门。而所谓的高收益，最少也是指 15% ~ 20% 的利润率。"这就是稻盛和夫针对高收益所设定的标准，而他也是以这个标准，在企业经营与成本控制上全力以赴，设计适宜的企业利润率，并鼓励企业上下不遗余力地为之奋斗，由此努力实现高收益——将利润率提升到 15% 以上的。

2. 重视现金流的稳定性，夯实企业经营的基础

在企业经营中，现金流是保障企业蓬勃发展的重要因素之一。一些人认为，资产负债率体现企业的竞争力。资产负债率低，说明企业发展势头良好；资产负债率高，说明企业的竞争力不足。

对此，海尔总裁张瑞敏表达了这样的观点："在市场经济条件下，只要你的钱流动得快，你 100% 负债也能过下去；你一分钱负债都没有，钱出去回不来你也完蛋。"张瑞敏还在《海尔靠什么取胜全球》一文中写道："既有正现金流，又有高增长，这对企业是非常重要的。打个比方，现金流对企业来讲相当于企业的空气，利润相当于企业的血液。如果没有空气，人就会窒息。所以日本企业有一个概念叫作'黑字破产'，就是企业还有利润但是却要破产，因为没有现金流了。为什么没有现金流？因为在市场上的货不能变现，钱收不回来。"

对于现金流的稳定性，不仅海尔非常重视，日本京瓷、中国华为等企业也都非常重视。这也使得它们在一次次面对危机和时代变革时，能够凭借稳健的现金流，研发与改进技术，提升核心能力，使企业能够持续不断地获取利润，顺利渡过难关，迎接新的挑战。

我们可以这样理解：如果企业只看重利润获取却忽视现金流的稳定性，那么必然会阻碍企业的正向发展。所以，企业不仅要关注利润，更要关注带来更大利润和为企业未来发展奠定基础的稳定现金流。这才是真正的商

业成功之道。

3. 为客户与合作者适度让利，衍生更多商业机会

为了更好地、更长久地盈利，获得更多商业机会，企业应考虑适度让利，进行利益共享，这是非常重要且必要的。

华为积极面向客户、合作者、竞争对手，采取一系列让利措施。任正非曾说："我们不要太多钱，只留着必要的利润，只要利润能保证我们生存下去。把多的钱让出去，让给客户，让给合作伙伴，让给竞争对手，这样我们才会越来越强大。"这条战略原则的核心是以"让"的心态去进行多方关系管理，优化商业生态环境，为企业赢得更多商业机会。2014 年年初，华为与世界软件巨头 SAP 签署了全球战略合作伙伴协议；次年，共同宣布扩展全球合作业务，合作扩展范围延伸至工业 4.0 等领域，并在华为总部成立联合创新中心——双方通过优势互补，帮助企业客户应对转型挑战。这种协力共建的战略举措为华为打开国际市场提供了极大的帮助，并帮助华为实现了业绩的快速增长。

华为的这种商业模式是非常值得借鉴的。企业可以通过广泛合作、适当让利，实现客户增量的快速增长，创造更多的利润来维持运营，从而也得到更多的机会去逐渐实现商业目标与梦想。

四、平衡利润获取与社会责任，得人心者得天下

追求盈利、保证企业利润、维护员工利益，这是企业的首要责任。但是，企业同时也不能遗忘社会责任，不能沦为简单追逐企业利润或个人私利的工具。这是企业存在的要义。

1. 无须刻意追逐利润，而让利润自动跟随企业

为了企业的生存和员工的发展，追求利润是企业的必然行为。稻盛和夫曾提出一个观点：追求合理的利润，并让合理的利润自动跟着企业跑。为此，企业经营者需要确保生产流程的顺畅，通过技术创新与研发，持续为客户提供高价值的产品；同时，制定合理的产品销售价格，减轻客户的经济负担，让客户有能力与企业主动建立关联。

有这样一个人，他在经营和发展一家公司时，把"客户为先、薄利多销、童叟无欺、诚信为本"作为经营目标。刚开始时，该企业所生产的产品只能获得很少的利润，大家都认为他的公司必然会亏损，不久便会破产倒闭。但是几个月之后，他的公司竟然开始盈利。和其他同行企业相比，这家企业所售商品的价格实惠、质量好，这使得该企业的商品很快便赢得了顾客的喜爱。诚然，在保证质量的同时下调单件产品的价格，这无疑会损害企业的当下利润；但是，这种以物美价廉为核心追求的经营方式却使其客户量日益增多。结果，该企业的盈利反而比其他企业多了一倍。而当其他企业开始效仿他、大打价格战时，该企业又凭借以往建立的口碑留住

了大量顾客。同时，该企业在产品更新迭代方面做足功夫，将新一代更适合客户的产品推向了市场。

这种以客户满意为满意、以客户需要为需要的经营方针，为该企业招来了更多客户。而客户数量的增加，自然也为企业带来了更多利润，使得该企业获得了更大的发展。

在经营者经营过程中，切忌被利益蒙蔽了双眼，切忌通过不法手段来获利致富。以第一次石油危机时期的事件为例，一些日本企业的经理人肆意囤积货品、提高价格，以期获得暴利。这一行为严重损害了消费者的利益，使得日本民众怨声载道，生活难以为继。不久，日本政府出台了《独占禁止法》，增设公平交易委员会。那些牟取暴利的经理人则因触犯法律而受到了法律的制裁。再如，2020年中国新冠肺炎疫情期间，部分零售企业将药品、日用品价格提高数倍甚至10倍销售，在群众举报和监管部门监察发现后被处以高额罚款，保障了民生与市场秩序。

正如稻盛和夫向人们警示的那样："即便在自由竞争的市场里，也应保持合理的利润，这是社会给有功者的嘉许。"也就是说，企业既要追求收益，又要确保利润的合理性；既要追求企业的利润，也要关注消费者和社会的利益，绝对不能为了一己私利而损害后者的利益，这样企业才能被社会所认可，利润才会自然而然地走进企业。

2. 实现既定盈利目标，为员工提供基本保障

从商业角度来说，企业经营要保障企业的利润获取，这一点是相对容易理解的；与此同时也要考虑如何维护员工的利益，这亦是企业必须履行的首要责任。

2010年，稻盛和夫接手了已告破产的日本航空公司。稻盛和夫并不喜

欢日本航空公司，因为他本人早已因日本航空公司的服务质量不佳而选择弃乘。在他的认知里，日本航空公司如同一头染上重病的大象，全身处于衰弱状态，随时可能倒地不起；若要为其治病，难度极大。但是，稻盛和夫还是接手了，他对日航员工说："我是为你们的幸福而来的。"当时，日航员工都在为极有可能发生的"大量裁员"而惶恐不安，而稻盛和夫却做出了"让6万日航员工不失业"的承诺。据统计，在离开日航的大约16000名员工中，只有160人是被强制解雇的，1500人属于自己同意退休，绝大部分人则随子公司一起被分流出去。

为了兑现承诺，稻盛和夫频繁地奔走于日本航空公司的各处机场，召集所有员工告诉他们如何改进工作质量，并说明改善的原因和所能达成的效果。于是，众人开始积极自救，自主、严格地遵照要求来工作。日本航空公司很快便有了明显的改善，不到一年便实现了"扭亏为盈"。

企业的存在要求其必须实现既定的盈利目标，如此方能保障其正常运作。而作为企业的主体构成——员工，也必须获得一定的利益，维持其基本生活所需。所以，对企业利润和个体利益的关注都是商业经营的必然要求。然而，企业经营不能仅限于此。

3. 打造正面的社会影响，积极履行社会责任

企业不应只单纯追求自身与员工的利益获取，还应考虑自身输出会对社会造成怎样的影响。现代管理学之父彼得·德鲁克曾指出："各种机构的管理当局都要对它们的副产品（它们的合法活动）所产生的影响（对人、对物质环境和社会环境产生的影响）负责。人们日益期望这些管理当局预见并解决各种社会问题。他们必须深入考虑和制定在企业与政府相互关系方面的新政策。"

而且，企业还应舍得贡献出一定的利润，承担企业在就业、环保、救

灾等多方面的责任，为人类社会的进步与发展做出贡献。

很多企业在自身经营取得一定成功的同时，会开始积极地回馈社会。比如，稻盛和夫曾创立国际性奖项——京都奖，人称"东方诺贝尔奖"。每年 11 月 10 日，该项目都会对各国在尖端科学、基础科学、精神科学领域做出重大贡献的杰出人士予以相应的表彰，每项贡献对应奖励一人，为其颁发奖金 5000 万日元。

稻盛和夫曾说："企业经营的首要目的是实现员工的幸福生活，但是，如果仅仅如此的话，那将是为某一个企业牟利的自私行为。作为社会的公器，企业有着为世界、为人类尽力的责任和义务。"任何企业都应热切关注社会，履行社会责任，积极回报社会，这样的企业才会在人们心中长久地安营扎寨，才有机会让自己的商业之树常青。

第二章
瞄准目标，打造核心竞争力，
实现市场制胜

近年来，常常听闻一些企业和人员抱怨："钱越来越难赚了。"是的，卖方市场的时代已然过去，粗糙的、低技术含量的产品和低水平的服务已经无法满足消费者日益多样化的需求；在这个时代，一个没有核心竞争力的企业注定无法走得更久更远。此时，每一个企业都必须思考并明确一个问题："我的核心竞争力到底是什么？"可以说，核心竞争力是企业制胜于市场的决定性因素。所以，企业在明确商业目标后，要明确并全力打造自己的核心竞争力。

从实践角度来说，企业可以从竞争壁垒、产品保障、服务维系、渠道覆盖四个方面，来塑造核心竞争力。具体而言，尽可能高的竞争壁垒可以让企业在行业领域中占据有利地位；高质量的商品输出（产品、服务等）是企业从事商业经营的基础；高水平的服务是企业保证客户黏性、获得持续发展的强力支撑；而顺畅的供给与服务渠道，则是助力企业拓展商业覆盖范围的直接路径。

一、构筑坚固的竞争壁垒，敢于颠覆与重建

商业经营难。如果企业表现一般，则难以在竞争中斩获一席之地；如果企业表现突出，那么模仿者、竞争者又会蜂拥而至。特别是在资金和资源非常庞大的资本巨头入局后，更会给企业带来极大的冲击，甚至导致企业快速陷入绝境。所以，企业必须为自己构建牢固的竞争壁垒，抵御商业竞争带来的冲击力。

1. 构筑坚固的竞争壁垒，形成超强的竞争力

竞争壁垒是指企业进入某个产业时可能遇到的障碍。一般而言，竞争壁垒越坚固，其他企业越难以进入，市场垄断程度越高，竞争关系相对缓和；竞争壁垒越薄弱，其他企业越易于进入，市场垄断程度越低，竞争则相对激烈。而且，竞争壁垒的高低还影响着企业的存活能力、业界话语权以及对未来发展变化的控制程度。因此，企业要想让自己在某个行业中长期占据有利地位，就有必要慎重考虑壁垒构建的问题。

而且，在竞争壁垒下，消费者对于那些自己认可的品牌产品，往往会不太在意价格高低而心甘情愿地购买，品牌企业会由此获得在整个产业发展中的主动地位，同时形成比位于产业链上下游的其他企业更大的话语权。可以说，如果企业已经建立起竞争壁垒，那么它们在业界会具有更大的定价权、溢价权。

值得注意的是，竞争壁垒一旦形成，就可能出现认知固化的问题，即人们对企业品牌的定位趋于固化，如同坚固的堡垒一样难以突破。比如人

们会"固执"地认为，A 企业生产的产品是高端产品，而 B 企业生产的产品则是低端产品，这都是壁垒形成初期在消费者头脑中留下的印象所致。从这个角度来看，竞争壁垒对于早期的产业进入者来说，往往是在晋级时发挥推力作用；而对于后期的产业进入者来说，则呈现阻力作用。所以，企业必须明确自己的定位，规划好构建壁垒的路径，以形成超强的竞争力。

2. 以企业特质匹配壁垒类型，夯实竞争壁垒的基石

竞争壁垒一般可以分为两个类型：一种是技术壁垒，它是指科学技术方面的关卡，即某个国家或地区政府对某种产品所制定的（科学技术范畴内的）技术标准，它可以阻挡产业后进入者的脚步；另一种是品牌壁垒，是基于消费者对品牌的认识而形成的约束，有利于帮助企业形成近乎垄断的市场效应。

（1）技术壁垒

打造技术壁垒，一般是以科学技术为支撑条件，通过法律、法令、条例、技术标准、认证制度、卫生检验检疫制度、产品检验程序以及产品包装、规格和标签标准等，提高对产品的技术要求。对于那些尚未进入该产品的制造经营领域的企业来说，技术会成为一道跨越难度较大的门槛。

以婴童产品安全座椅的制造为例，不少企业对安全座椅的未来发展空间极为看好，故而表现出诸多探索动作。但是，当它们真正进入该领域后却发现：在儿童安全座椅的设计与制造的行业标准中，安全技术指标要求是非常高的；甚至部分企业自主研发出来的一系列技术标准，竟然比行业标准还要高。

目前，好孩子公司堪称国内儿童安全座椅品牌的领头羊。在中国大众还不知道儿童安全座椅时，该公司便已建立起了世界一流水平的儿童汽车安全座椅制造基地，并特别建立了全球领先的儿童汽车安全座椅撞击实验

室，配备先进的高端检测设备仪器和高素质的专业检测队伍，以此确保其输出的每一款儿童安全座椅都是"设计合理、质量可靠、达到世界级水平"的。好孩子公司的儿童安全座椅已经发展出 6 系、7 系、8 系。

从实践结果来看，企业持续提升其产品制造技术水平，既是逐步实现企业进步与产品升级的过程，也是打造技术壁垒、形成竞争优势的过程。好孩子公司的产品研发便佐证了这一点。

（2）品牌壁垒

品牌壁垒是由消费者对某品牌产品的认识、态度和心理倾向等构成的。一般而言，品牌壁垒是在技术壁垒生成后形成的。从实践来看，消费者对企业的商品或服务形成满意的体验、形成高度信任之后，往往会自己反复采购或推荐给他人，表现出连续购买行为，甚至对这一品牌的其他系列商品也给予极大的信任。

所以，企业需要根据商品功能特征以及消费者对商品的信任门槛高低，有针对性地在消费者头脑中建立起其对产品的正向评价，让消费者的认可与信任成为打造品牌壁垒的基石。

3. 推行产品升级迭代，颠覆与重建竞争壁垒

为了获得持续发展，各行各业的竞争壁垒在不断生成、颠覆与重建。对于不同的企业而言，这有着截然不同的意义：如果企业掌握的技术水平较高，那么企业必须提高壁垒高度，在市场内形成相对垄断，将竞争对手拦截在壁垒之外；如果企业掌握的技术水平较低，则意味着企业要想出方法，打破当下面对的技术壁垒，从而为自己打开一个机会的窗口。

（1）产品技术的持续提升

技术壁垒是很难以迂回手段攻克的。如果企业意图在这方面有所突破，那么就必须持续提升自身的技术能力水平。当然，这种技术水平的提升工

作并不是单纯为了"提升"而进行的，而是基于消费者需求而做出的。

在实践中，有一种技术提升工作是针对消费者的明确需求而进行的。具体而言，就是针对消费者的具体需求设计技术指标，改善和优化产品研发技术，并逐步采用高新技术和工艺，落实良好的生产规范，这是企业推动技术水平升级的基本途径。

还有一种技术提升是针对消费者的隐性需求而实施的。隐性需求是指消费者存在需求，但一直未能得到满足，而这些需求不会因企业忽视而消失，反而可能随时引发一系列问题。如果企业能够找出这些隐性需求，便可据之设计真正有价值的需求满足方案或问题解决方案，同时这也可以成为企业技术突破的一个发展方向。

曾有一位妈妈推着一辆婴儿车，站在地铁站等待地铁。她临时处理一件小事，结果婴儿车不小心溜走，并跌落在地铁轨道上。这个场景可谓危险惊心，而且并非个案。可以说，为婴儿车设计良好的自动刹车功能是非常有必要的。

但是，在婴儿车发明以后的上百年时间里，却并未形成对应的行业标准。这是什么原因呢？因为，这是一个难以解决的问题。比如，消费者不喜欢必须按着才能推的车，或者具备刹车功能可能导致携带婴儿车上下楼时较为不便，等等。后来，一家企业向日本标准化委员会提交了一整套关于自动刹车设计的资料，仅在自动刹车方面就申请了上百项技术专利，从而构筑起一道极高的技术壁垒。

如今，技术升级带来的技术壁垒重建已经成为一种必然趋势，而且壁垒的存在周期必然越来越短。这意味着：最初建立壁垒的大企业正在被赶超，而一些名不见经传的小企业可能因重建壁垒而快速成长，由此引发整

商业的本质

个商业世界的颠覆性变化。

（2）经营模式的转型升级

经营模式的转型升级，应遵循两个基本原则：立足当下，面向未来。"立足当下"是指紧密结合企业的现有优势，联合一切可以联合的力量，紧抓时代脉搏；"面向未来"是指根据时代需求和企业未来发展方向，确定企业自身的转型提升方向。

自2014年年初，高乐股份依托主营玩具业务，逐步向教育产业扩展；而后通过智能玩具、幼童教育、在线平台、动漫玩具衍生品等业务，对婴童产业市场进行大力整合，努力打造婴童产业链闭环模式。

2015年，高乐股份与幽联技术合资设立子公司，推动企业从传统硬件玩具经营转向智能化玩具经营。2017年，其与迪士尼签订《许可协议》，迪士尼允许高乐公司在特定期限内在特定玩具类产品上使用相关迪士尼原型形象和商标，并授权高乐公司在特定的渠道销售其许可的产品。

从案例中可以看出，高乐结合时代需求的特征和本企业特征，联合所有可能的资源，拓宽了经营范围和销售渠道，实现本企业与合作企业的共赢和自身的升级，由此大大提高了其所在行业的竞争壁垒。

总体来说，竞争壁垒的发展经历了一个从无到有的过程。在过去，竞争壁垒在无数企业的尝试和探索中逐步形成；在现在和未来，竞争壁垒则会被无数企业持续加固。而无论是哪种产业中的企业，都需要通过不断提高竞争壁垒来打造出一道更高、更牢固的保护墙。换言之，竞争壁垒的日益增高，正在倒逼各产业企业去积极、持续地进行升级迭代。企业管理者必须认识到这一点，并为之做好准备、积极践行。

二、以持续的高质量输出，驱动企业的长远发展

任何以长期发展为目标的商业经营，都需要借助高质量的输出来实现，这是企业与客户进行价值交换的基础介质。

1. 突破质量达标难题，满足认知升级的需求

近年来，各行各业屡屡因产品质量问题而爆出一系列"门"事件。比如，在奶粉行业有三聚氰胺门事件，在汽车行业有本田机油门、大众排放门事件等，在服装行业有七匹狼"质量门"、李宁 NPE 危机，等等。

（1）造成质量问题事件的原因分析

之所以会产生各类质量问题，主要源于以下两个原因。其中一个原因是部分企业缺少道德良知。很多行业中存在一些害群之马，它们只以营利为唯一目的，甚至生产"三无"产品。这些"三无"产品的质量不合格项众多，有些属于安全性能不达标（如甲醛、重金属超标），有些属于标识不达标（如无标识或错误标识）。

另一个原因是行业产品质量标准有待完善。产品标识是消费者购买商品时的一项重要的参考依据，无标识或错误标识会给消费者造成极大的误导，给消费者带来健康与安全方面的隐患。

（2）提升企业对产品高质量水平的认可度

企业对产品或服务质量的认知水平直接决定了该产业发展的最终面貌。为了有效提升各行各业的输出质量水平，对企业方的质量认知进行升级，已是迫在眉睫的事情了。

23

从产业与企业发展角度来说，必须避免"公地悲剧"。我们可以把各行业市场形容为"公地资源"。公地作为一项资源或财产，往往有许多拥有者，每一个拥有者都有相应的使用权，但却没有权利阻止其他人使用。而且，每一个拥有者都倾向于过度使用公地，由此造成大量公地资源的快速枯竭。比如，过度砍伐的森林、过度捕捞的渔业资源、污染严重的空气等，都属于"公地悲剧"的现实呈现。之所以称之为"悲剧"，是因为每个拥有者都非常清楚"资源会因过度使用而枯竭"，但他们又无力阻止事态的继续恶化，更有甚者抱着"及时捞一把"的心态，这更加剧了情势的恶化。

所以，很多企业在无限制地使用公地，甚至通过不法行为获得了更多的利润，而未遭到对等的处罚。这种对产品质量问题的忽视行为，给整个行业带来了难以估量的危害。近年来，不少家庭会从国外购买婴童商品、家庭日用品，这种消费需求的产生恰恰是因为人们对国产商品的信任度不足——这便是商业公地被破坏所致。

事实上，任何商业经济活动最终都必然要接受道德、良知、人性的考量。虽然科技可以带来产品的便捷性、安全性和舒适性，但对于企业来说，不丢良知，不忘初心，牢记道德人性，才是更重要的。事实上，那些成功的企业都在诠释着一个商业法则：并不是说要当企业变成伟大的企业后再去遵守行业规则，而是应先做到坚守原则、有所为有所不为，这样才能发展成为伟大的企业。

2. 凭借高质量水准输出，赢得客户信任与认可

"高质量水准输出"，是指企业输出的是具有较高质量水平的产品和服务。企业要严抓产品质量，避免输出有质量缺陷的产品。

海尔公司的前身，是位于青岛一隅的一家冰箱制造厂，直到1984年，该厂一直处于规模很小，长期经营不善，面临巨额亏损的困境。1984年，

张瑞敏就任该厂厂长，他从德国利勃海尔公司引进了国际领先的冰箱制造技术，其冰箱品牌的全称是"琴岛—利勃海尔"。9年后，这个品牌被浓缩为两个字：海尔。

当时，国内市场操作尚不规范，家电企业的生产技术普遍较为落后，一些企业不重视质量管理，只求设法把产品卖给客户，如果发生质量问题则往往百般推诿。但张瑞敏坚持认为，企业必须为客户带来实实在在的利益，绝不能欺骗客户。

张瑞敏在接任厂长之后不久，就突击检查成品库房，亲自检查每一台冰箱的质量，结果发现有76台冰箱存在质量缺陷。于是，他当即召开全员会议，指着这76台"问题冰箱"语重心长地问大家："产品有缺陷，我们应该怎么办？"

一些员工认为，这些冰箱的质量缺陷大都并非严重问题，即使将其投放到市场上，也不会影响销售情况。也有些员工认为，这些冰箱的质量缺陷应区别对待，有的比较严重，应加以整改；但大多数冰箱出现的缺陷是较为细微的，即便客户买到了这些缺陷产品，可能在数月内并不会发生故障。还有些员工说，对于这些问题冰箱，可以先行降价出售；将来我们以此为鉴，严抓质量，避免再生产出新的"问题冰箱"。

但是，张瑞敏全盘否决了这些建议。他对员工们严肃地说："真诚服务于每一个客户，是企业的生存价值所在。向客户提供有缺陷的产品，是一种欺骗行为，严重违背了服务客户的宗旨，而且可能会对客户的利益造成很大的损害。所以，有质量缺陷的产品，哪怕缺陷再小，也等同于废品！我们绝不能把废品投放到市场上！"

于是，海尔的全体生产员工一起用铁锤，把那些存在质量缺陷的冰箱全部砸碎，而张瑞敏亲手砸下了第一锤。

这件事很快在当地传开，很多客户对张瑞敏的做法感到震惊，心里暗

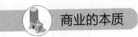

自佩服海尔公司的质量监管力度。海尔因其产品质量的高水准而赢得了广大客户的信任，大大拓宽了市场通道。

一款高质量的产品不仅会赢得客户的极大信任，还会因此被客户选择持续使用。比如，大多数人都会在手机上安装的微信、淘宝、百度搜索、美图秀秀等产品，它们被用户使用的频率高，能够快速满足客户的某种需求，并且达到竞争产品无法企及的高度。

3. 持续提升产品质量水平，驱动企业的长远发展

21世纪是"质量的世纪"，质量已经成为商业竞争中的战略要素。一些质量管理专家发现，一些力量将对产品质量输出产生极为重要的影响。比如，人们越来越关注质量成本和利润之间的关系，客户的自我意识将日益强烈，对某一企业的产品质量要求会越来越高，同时将这种高水平的质量要求延伸至其他企业。这些力量会在不同程度上影响质量管理的成效，同时也影响企业的未来发展走向。

对于企业质量输出的未来，曾有人提出4种预想。

第一种预想是回到过去。企业生产发展循环不良，因成本制约而使得产品输出的质量不佳。这是一种最糟糕的预想。

第二种预想是维持现状。当下的质量输出水平与实现方法被予以标准化。

第三种预想是成为知识。企业成为行业质量标准的设计者，其质量标准被广泛应用——企业具有更大的话语权。

第四种预想是建成质量花园。在这种预想中，生物、技术、产业共同构成生态环境，质量渗入商业活动中的每一个方面。

这四种对于未来产品质量发展走向的预想，代表着企业的四种命运或者说市场发展状态。对于企业来说，质量输出水平的恰当定位，将直接关系到企业能站多高、走多远以及能形成多大的影响力。

三、聚焦客户满意度，强化客户黏性，实现零客户变动

企业要攻克客户的心，除了依靠以质量为硬核的产品之外，还要匹配以高水平的服务。通过提供人性化、能使客户产生共鸣的服务，企业可以更好地保证客户黏性，维护客户并扩充客户群体规模，获得更大的市场份额。

1. 控制客户变动，将客户总量维持在标准线以上

零客户变动是企业客户维护的基础要求。简单地说，企业起码要确保加入的客户与离开的客户数量能够相抵消，把客户的总体数量维持在一个标准线上，即将客户变动减少到零。比如说，一个使用高露洁牙膏的客户，最好永远不要抛弃高露洁而转向其他品牌的牙膏；一个使用戴尔笔记本电脑的客户，最好永远使用戴尔的笔记本。但事实上，几乎所有企业的客户都可能出现变动。分析其中原因，企业服务方面的差强人意（比如，对客户缺少关心、忽视客户、未与客户建立沟通循环机制等），占据了很大的比重。

无线网络提供商 Sprint 公司曾发布一个电视广告，该广告以其首席执行官丹·汉斯为主角，并在广告的末尾处发出了行动号召。Sprint 向广大的消费者提供了一个电子邮件地址，这个邮件地址是属于首席执行官丹的。这项措施无疑清晰地呈现出企业对客户的注重和维护，算得上是一项非常好的客户策略。

让企业始料未及的是，它们原本只是想"走走形式"，树立企业形象，却被客户当了真。广告播出后，真的有一位客户给丹写了封邮件。而他得到的回复却是官方式的敷衍措辞——先是感谢客户对 Sprint 公司的支持，然后将客户反馈内容"转达给相关人员"。整个反馈邮件里，几乎没有任何实质性的反馈内容，完全没有解决客户的实际问题和满足其真正需求。Sprint 公司因这一邮件暴露出极大的企业管理问题，Sprint 公司的客户自此开始快速流失。

诚然，客户的变动是有很多影响因素在发生作用的，但其中一个重要因素必然是：客户的期待未能得到满足。比如，未能得到预期的待遇、未被企业所理解，企业行为未能突破客户的预期，这都会让客户觉得自己不被尊重，"钱花得不值得"，其结果必然导致客户变动。

所以，企业必须确保客户服务与公司业务、工作流程等高效融合，为客户提供最贴心的服务，满足甚至超出客户的预期。这样，才能确保客户不流失，出现客户增量，进而使得企业的盈利得到维持，能够持续经营下去。

2. 提供优质服务体验，强化客户黏性，为企业扩容

所谓客户黏性是指客户因对品牌或产品的良性体验、信任而形成的对该品牌或产品的依赖性和重复消费期望。一般而言，客户满意度越高，其依赖感越强，重复消费的期望值越高，那么客户黏性则越高。

美国捷蓝航空公司的高质量、人性化服务，为其积攒了良好的声誉，带来了丰厚的回报。捷蓝公司深信，航空业从根本上说是面向旅客的服务行业。但在如今的航空业环境下，航空公司向旅客提供的服务正因过分强调标准和程式而趋于僵化，很多航空公司所提供的产品已经脱离应有的服

务本质。由此，捷蓝公司提出"以人性方式对待旅客"的服务理念，千方百计提供超出顾客意料的服务，给旅客不同寻常的旅行体验。其中包括全新的飞机、皮质座椅、宽松的座椅空间、低票价、免费卫星电视和预定座位服务。

2003年，当其他航空公司减少客舱空间时，捷蓝公司拆掉了飞机的一排座位，使得座椅之间的空间更加宽阔，提高了旅客舒适度。与其他公司相比，捷蓝公司所提供服务的不同之处总在服务的细节上，比其他航空公司多走了一小步。比如对破损行李的后续处理，除了在经济上的全价补偿之外，捷蓝公司还会发送邮件表示歉意。

2007年，一次恐怖事件使乘客在肯尼迪机场停机坪上被搁浅了10多个小时。在此事件之后，捷蓝公司推出了一个乘客权利法案。这个文件涵盖了诸如起飞延迟、超额订票、登机后地面延误、航班取消等多个方面的内容。在法案的开篇处是这样写的："捷蓝公司致力于打造人性化飞行服务，人性化目标高于一切。我们努力使您的飞行体验尽可能地简单愉悦。然而很不幸，某些时刻事情没有按照我们的计划发展。如果有给您带来什么不便，您应该明确地知道您可以对我们期待做些什么，我们认为这一点非常重要。"

捷蓝航空公司的这些做法，对公司而言也许仅仅是一件小事；但对于旅客而言，却体现出公司对旅客无微不至的服务和充分尊重。从企业经营的角度来说，捷蓝公司用很小的付出，得到了旅客的认同和忠诚，并由此获得了更多的收益。

可以说，优质服务是企业为客户带来利益的一种途径，同时也是为企业带来更大价值收益的管道。综观"全球500强"企业，尽管它们的产品类型和营销理念有很大差异，但这些企业都无一例外地高度重视客户服务，

并把优质的客户服务作为一项长期贯彻落实的营销战略。

反观当下国内的很多企业，尽管它们不断提出很多充满激情的营销理念，但在服务质量上却存在很多欠缺，其营销理念常常未能得到客户的普遍认可。对这些企业而言，市场营销的当务之急，并非提出更为动听的宣传口号，也不是聘请更受公众喜爱的明星为产品代言；而是应该制定出一套严格、规范并且切实可行的服务标准，并在落实执行过程中不断进行产品质量提升，通过长期的高质量服务赢得广大客户的信赖。

3. 采取多样化手法，与客户建立牢固的关联状态

为了强化客户黏性，企业有必要采取各种有效措施，与客户建立情感共鸣式体验。一般而言，企业可以依循操作简单、体验愉悦、情感共鸣、社会化共享等原则入手进行实践。

（1）客户获取产品或服务时的操作较为简单

要想让客户的体验好，那么客户获取产品或服务的过程或操作必须足够简单。产品使用门槛降低，才能催生出更多客户。比如，360杀毒软件设计得够简单，只需一键即可完成扫描，再一键完成清理、一键加速、一键优化，因此，360杀毒软件成为普及性应用软件；微信支付够简单，只需在第一次时输入指纹密码，以后付款只需轻轻一扫，用指纹确认付款即可，客户甚至还可以开通小额免密支付功能。这种简单操作，使得大多数人都可以很轻松地使用某一款产品满足自己的需求。

（2）客户在使用时能够产生一种愉悦的体验

客户在使用产品或享受服务的过程中，能够获得愉悦感和成就感，使客户能够不断获得某方面的满足，也会使客户继续留下来。举个简单的例子，马云曾在上市时感谢中国女性。因为女性大多喜欢购物，阿里巴巴旗下的淘宝、天猫和聚划算上种类繁多的商品能够满足她们的需求，即便足不出户，也能满足这些消费者"买遍世界"的愉悦需求；而这些消费者们

回报给阿里的则是丰厚的利润。

（3）客户能够与产品建立有力的情感共鸣

菲利普·科勒在其《论销售》一书中曾言："星巴克卖的不是咖啡，是休闲；劳力士卖的不是表，而是奢侈的感觉与自信；法拉利卖的不是普通跑车，而是一种近乎疯狂的驾驶快感与高贵；希尔顿卖的不是酒店，而是舒适与安心。"在这句话里，休闲、自信、舒适等词语所描述的都是客户所追求的情感体验。随着物质生活水平的提高，人们开始进入情感消费时代，消费者的追求已不再局限于单纯的商品买卖，还会关注自己内心的、个性化的喜好或者某种产品。所以，企业在市场拓展进程中，也要从激发客户情感共鸣的角度去考虑和设计产品、服务，满足客户的这种心理需求。

（4）客户能够借产品或服务进行社会化分享

人类是群居动物，乐于进行某些方面的分享。能够进行社会化分享的产品或服务，易增强客户的愉悦感；同时，也可以为企业拓展更大的客户规模。比如，微信之所以能够在短短几年内形成亿级的用户规模，这与其初期"通过分享产品的方式将 QQ 用户的好友和通讯录导入微信"这个功能的成效是密不可分的。此外，微信的订阅号功能又能与科技、教育等公众号的社会化传播结合起来。当客户习惯了使用微信联系他人、了解知识或社会信息时，其客户黏性便自然而然地形成了。

总之，当企业能够给客户以某个方面的满足和触动时，便很容易培养出用户黏性，这也是企业与其他企业形成突出区别、建立市场竞争力的一项重要因素。

四、多渠道模式高效运作，实现圆满的商业闭环

在企业对接市场的过程中，如果中间的渠道不甚畅通，势必会给企业营销制造障碍，影响企业的市场发展速度。而顺畅的供给与服务渠道，则可以助力企业更方便地拓展商业覆盖范围。

1.跟随全渠道的风向标，实现渠道运作的专业化

近年来随着互联网技术应用的持续发展，"全渠道"正成为行业转型的风向标。全渠道是指企业为了满足客户的购买需求，采取"线上+线下"方式，如通过实体渠道、电子商务渠道和移动电子商务渠道展开整合式销售，为客户提供无差别的购买体验。

简而言之，客户可以在任何时候（如早上、下午或晚间），任何地点（如地铁站、商业街、家中、办公室），采用任何方式（如使用电脑、电视、手机等），购买到他们想要的商品或服务。

全渠道主要包括三种类型：实体渠道，如实体自营店、实体加盟店等；电子商务渠道，如自建官方 B2C 商城、进驻电子商务平台，如淘宝店、天猫店、京东店、苏宁店、亚马逊店等；移动商务渠道，如自建官方手机商城、自建 APP 商城、微商城、微淘店等。如今，越来越多的企业已经开通了三大渠道。但是，不少企业流于形式，在渠道运作方面存在诸多不足。

易迅网是一家专业的电子商务消费服务网站，致力于为用户提供最新最好的电脑产品、数码通信服务、家居家电、汽车用品、服饰鞋类等多种

时尚精品。但是它的售后却存在不小的漏洞。有客户在易迅网上申请退货之后，却被易迅网客服人员一次又一次地敷衍。在经过长达数十天的沟通之后，退款才终于回到客户手中。虽然该公司最终解决了问题，但是对于客户来说，之前长时间的不作为却令人非常不满意。此外，易迅网还删除了用户的差评。这种糟糕的客户体验并不是个例，其带来的后果便是易迅网很快被京东并购。

从根本上说，企业之所以开展多渠道模式经营，根本目的便在于能通过更多渠道与客户建立关联。但是，如果这个渠道不能为客户提供优质的产品和体验，那么结果可能反而会给企业制造危机。因此，企业必须认真对待每一种渠道的运作，让产品或服务的宣传、推广、传输等通过各种渠道有效地抵达客户端，为扩大客户规模打下坚实而广泛的基础。

2. 让线上线下完美匹配，打造商业闭环模式

对于企业来说，构建一个商业闭环不仅能够将流量转化为业绩，还可以在这个过程中实现线上与线下的完美配合，实现企业业务的渠道一体化。事实上，在当下流行的所有商业模式中，最适合发展线上线下一体化项目的依然是O2O模式。O2O模式是指从线上到线下的项目，或者从线下到线上的项目。所谓O2O营销，是指企业通过移动互联网渠道，将线下实体店的活动信息推送给互联网用户，再将这些用户转化为线下客户，以此促进实体店的销售。

近年来，很多企业通过这种线上线下结合的方式打响了自己的名气。比如，前几年非常火爆的雕爷牛腩。在其正式开业前的半年封测过程中，创始人孟醒充分利用微博和微信形成粉丝的互动，这样不仅提高了雕爷牛腩这个品牌的知名度，还得到了各路粉丝的批评和建议。而且，这些品尝过

雕爷牛腩家菜品的明星和微博达人们，还在自己的微信朋友圈或者微博中进行了分享，使得雕爷牛腩的名气得到进一步提升，影响范围得到进一步扩大。

对于线下经营，孟醒也非常重视。无论是菜品还是服务，雕爷牛腩都极力做到极致，不放过任何一个细节，尽力满足用户的各种反馈和期望。在改进之后，再次通过微博和微信传递给尝试过的用户，并对其在下次线下试吃时给出新的建议提出邀请。而这样一次次线上线下的互动，既提高了菜品质量，又达到了非常好的营销效果。

可以说，线上线下一体化的方式对于企业商业闭环模式的打造是大有裨益的。线下店铺要通过移动互联网想方设法在网上寻找目标消费者，然后将其吸引到实体店里进行体验。这样一来，客户既享受了互联网快捷的信息体验，又能够在线下实体店里享受到优质服务；而对于实体店来说，这样不仅获得了大量客户，还为自己的发展提供了一些重要的数据信息，使得商业活动变得可以预测。

当然，线上线下一体化的影响力并不仅仅在于服务业，传统的渠道商也可以通过这种模式来实现商业闭环。比如京东，它围绕着"为客户提供更加快捷方便的购物体验"这一核心思想，实现了线上购买与线下配送的完美结合，使得京东始终保持着良好的经营状态。

在如今这个移动互联网时代，企业的发展中必然会涉及线上与线下的业务关联、企业与客户的高质量交互。因此，只有让线上线下业务完美结合，提高客户对企业的满意度、信任度与依赖性，真正实现了商业闭环，才能保障企业的持续获利。

3. 把握客户的获取偏好，创造新的路径依赖

对于企业来说，一旦形成了一定的商业模式、行事规则等，在以后的经营中就会按照惯例去运作，难以再发生改变。这种现象叫作路径依赖。

从结果来看，路径依赖既是好事，也是坏事。好的是，它可以规避风险，减少不确定性，带来"安全感"。坏的是，它容易使企业循规蹈矩，"锁定"于当前路径，难以找到新的路径。

（1）利用路径依赖

好的路径依赖会对企业起到正向效用，通过惯性帮助企业走入良性循环状态。比如，我们日常生活中的一些生活习惯、饮食习惯、购物习惯，甚至使用某个网站或 App 的习惯，都是路径依赖的表现。这意味着，很多事物是有规律可循的；而企业只需沿着特定路径，即可捕获和满足客户，进而实现商业上的成功。

在国际 IT 行业，戴尔算是一个巨头。从 1984 年成立发展到如今，30 多年的时间里创造了一个传奇。若仔细分析会发现，戴尔公司有两大制胜法宝："直接销售模式"和"市场细分方式"。而据戴尔的创始人迈克尔·戴尔透露，他早在少年时就已经以行动奠定了这两大法宝的基础。

戴尔 12 岁时进行了人生的第一次冒险。为了省钱，酷爱集邮的他说服了一位同样喜欢集邮的邻居，让对方愿意将邮票委托给他进行销售。后来，他在专业刊物上刊登卖邮票的广告，赚了 2000 美元。这是他第一次尝试抛弃中间人，直接接触顾客。此后，戴尔的创业模式便和这种"直接销售"模式联系在了一起。

戴尔初中的时候，开始接触电脑生意。他自己买来零件进行组装，然后卖掉。在这一过程中，他发现一台售价 3000 美元的 IBM 个人电脑，零部件只要六七百美元就能买到。而当时大部分经营电脑的人并不太懂电脑，不能为顾客提供技术支持，更不可能按顾客的需要提供合适的电脑。这就让戴尔产生了灵感：抛弃中间商，自己改装电脑，不但有价格上的优势，还有品质和服务上的优势，能够根据顾客的直接要求提供不同功能的电脑。

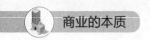

就这样，风靡世界的"直接销售"和"市场细分"模式诞生了。这种模式的内核就在于：真正按照客户的实际需求，设计和制造产品，然后把它在尽可能短的时间里直接送到客户的手上。此后，戴尔凭借着这种模式，披荆斩棘，一路顺利地创造商业佳绩。而这一切皆得益于他初次做生意时选择的正确路径。可以说，是对路径的正确选择，为戴尔奠定了成功的基础。

（2）打破路径依赖

好的路径依赖会给企业以正向作用，而不好的路径依赖则会对企业起到反作用，将企业拖入恶性循环。此时，企业只有打破这种不好的路径依赖，才能走出价值盲区，重新找到正确的前进方向。

135相机规格是由爱迪生制定的，因为他认为70毫米胶片电影机使用不便，于是将胶片剪掉了一半，然后打上了两排齿孔，由此形成了35毫米电影胶片，这才有了专用电影胶片小型相机，画幅为24毫米×36毫米。后来，人们多次改进，将画幅变成"半幅"（24毫米×18毫米），又到APS（24毫米×32毫米）。但是，135相机的保有量太大，使用者不愿意为了节省4毫米胶片而将自己上万元的相机予以报废。直到数码相机问世后，APS规格才成为CCD的标准画幅规格，135相机开始逐渐被淘汰。

很明显，直到数码相机出现，人们对传统胶片的路径依赖才得以改变，并由此形成新的路径依赖。待至如今的智能手机时代，每一部手机都被设置了强大的拍摄功能，而数码相机制造的路径依赖优势也开始慢慢消失。

总而言之，企业应当面向客户的当下路径依赖，勇于甩掉过去的包袱；同时，面向未来，设计更多新型产品或服务，以此形成更多新的市场机会。

第三章
面向市场，优化支持模式，打造快速响应力

在如今这个快速发展的时代，几乎所有企业都在比拼谁能最快最好地为客户提供产品和服务。而企业对市场变化的响应速度，直接决定了客户能够在多长时间内获得其所需要的产品和服务。如果A企业已经开发出预期产品，那么客户往往不会耐心地等待B企业去慢慢研发、输出。因此，企业唯有快速推出相应的产品，并进行持续的迭代升级，才能让企业占据市场制高点。

这意味着，企业必须具备快速响应能力。具体而言，企业不仅要具备快速响应市场需求的基本认知，同时也要能从组织建设的角度，打造顺畅的流程，精简组织层级，提升工作效能，以及从各方面探索并做好支持工作。

一、唯快不破，快速设计与迭代，迅速抢占市场制高点

在如今这个竞争激烈的市场环境中，我们常常看到这种情况：一些企业开发出了优秀的产品，但却迟迟未将产品推向市场；待企业的产品上市时，市场上的类似产品竟然已经完成了迭代升级。企业的先机已失，竞争压力巨大。因此，企业是否能够"快速"设计出产品或完成迭代升级，对于企业是否能够成功抢占市场而言是非常重要的。

1. 以快速行动，抢占市场先机，决胜领域竞争

很多人有这样一种体验：某个商品刚刚上市，随后却出现大量同类商品，而且比前者的质量更好、体验更佳。这就意味着：很多企业针对同一类商品的创意和规划是趋近的，所以企业必须确保其行动足够快速，这样才能在市场竞争中拥有更大的成功可能性。

在小米的成功之路上，"快"是一个重要的影响因素。在雷军看来，客户对于企业所提供服务的根本需求完全可以归为一个"快"字——他们要求企业发货速度快，咨询响应速度快，售后问题解决速度也要快。

为了满足客户对于发货速度快的诉求，小米特意推出了核心城市24小时极速配送服务，与多家物流公司签订了定制配送服务合同，并在各大城市增加了更多的中心仓库。在2013年天猫"双十一"活动中，小米物流中心最高一天发货18万单；在2014年4月8日的米粉节上，发货量达到56万单，较之前提升了足足2倍；在2015年的米粉节上，小米卖出212万台

手机，超过 3.86 万一台小米电视和超过 7.9 万一个路由器，以及很多智能硬件设备。这些订单再一次刷新了小米物流中心的最快配送纪录。

此外，小米的咨询响应与售后服务也非常快速。自 2011 年 7 月始，小米在 4 个月内完成了全国 7 家小米之家的选址、装修、招聘和培训等一系列工作，以及 300 多家加盟售后服务网点的建设工作。而且，小米在国内的手机行业首先做到了全年 24 小时无休。此外，小米公司还在小米社区、新浪微博、QQ 空间等平台上建立了服务平台，以快速解决客户反馈的问题。

在如今的市场环境中，"快速完成"的服务日渐成为对企业的基本要求。如果企业发货不够快、服务不够快、售后维修不够快，那么企业服务质量就谈不上优质，企业更无法拥有大量忠诚客户。而若想让企业以"快"构筑起企业的核心竞争力，必须先来实现"业内最快"的效果。

2. 快速试错，持续迭代，增加企业成功的可能性

"快"意味着产品在市场上抢占先机，赢得同类产品的第一批客户。但是，最初的产品往往存在一些细节上的不足。这就需要企业能够坚持产品试错和迭代，定期对产品做出调整，以便输出更加完善的产品。

对于产品的开发者——企业来说，开发的机遇是相对有限的。几乎没有一款产品能够迅速获得大量客户；但是，如果产品的试错和迭代速度太慢，未能快速处理和接受客户的批评和建议，那么企业连最初的客户都留不住。因此，企业要快速确认产品开发的必要性，并优化客户体验，这样才能不断超越客户的预期，积累大量的忠诚客户。

2011 年 1 月 24 日，腾讯公司发布了微信 iPhone 版；1 月 27 日发布 Android 版；1 月 29 日，发布 Symbian 版。仅 2012 年一年时间，微信团队就完成了 44 次软件更新，基本保持一周迭代一次的频率。微信从 1.0 迭代

到 5.0，在这个过程中发生了质的改变。在微信 1.0 版本时，只有文字发送和图片分享两个基础功能；在微信 2.0 版本时，增加了语音发送和语音群聊功能；微信 3.0 版本中加入了陌生人交友功能；微信 4.0 版本新增了相册和朋友圈功能，并开放微信应用平台……微信 7.0 版本除了具有各类社交功能（比如语音、视频聊天，双人聊、群聊等）之外，还承担了支付、生活、资讯阅读等各种功能。

腾讯总裁马化腾曾针对快速迭代的理念提出这样的观点："市场从来不是一个耐心的等待者，在市场竞争中，一个好的产品往往是从不完美开始的，同时企业千万不要以为，抢先进入市场就可以一劳永逸，在移动互联网时代，谁也不比谁傻五秒钟。对手很快就会赶上来，甚至分分钟突破你。"正因为如此，企业才要快速推出新产品，避免产品因被困于实验室、未直接面对用户而空耗时间；同时，针对用户的积极反馈与建议进行修正与更新，实现快速迭代。

3. 积极吸纳用户反馈，贯彻落实产品迭代理念

企业要想让快速迭代的产品理念被贯彻落实，就必须积极吸纳用户的反馈。从实践角度来说，企业必须做好两个方面的工作：一是拓宽吸纳用户反馈的平台，二是提高企业对用户反馈的反应效率。

（1）拓宽吸纳用户反馈的平台

在持续的产品迭代过程中，真正起决定性作用的是用户。企业通过用户反馈可以了解到用户对产品的整体感觉和印象、用户对一款产品最喜欢的点和不喜欢的点、用户认为需要增加的新功能。而要想推进产品的快速迭代，企业就必须围绕用户反馈信息做出相应的方式变革，并将产品的所有优化权交给用户。

原乐视网总经理梁军曾说："其实对企业产品贡献最大的是用户，但是用户自己并不知道自己的喜好和抱怨能够对企业产生如此重要的作用，因为他只要感觉到好用就可以了，并不会考虑别的。但是，如果一款 App 产品被用户下载了 1000 次，一个月之后只有 10% 的人还在用，企业就要想办法得到用户的反馈，看看产品的问题在哪里。"基于这一理念，乐视建立了多种信息收集平台（如论坛、微博和微信等），以便于每天在平台上接收用户反馈。此外，乐视还专门建立了用户体验中心，将在各种渠道中获得的用户体验信息划分优先级，然后据之进行产品的更新迭代。

小米公司也非常重视用户反馈。为了第一时间获得小米粉丝（简称米粉）的反馈意见，并尽快进行产品优化，雷军特别组建了"荣誉开发组"。这个开发组最初由 120 个米粉自愿组成，按周收集反馈、完善并发布新版本。由于在这个过程中一直有米粉在参与，所以小米能够很好地迎合用户需求，创造出用户喜爱的产品。

吸纳用户反馈，既能让企业找到产品迭代的方向，也能让用户感觉到企业对自己反馈信息的重视。这样一来，企业便可以实现快速迭代，并获得一批忠诚用户，全面推进企业的快速发展。

（2）提高企业对用户反馈的反应效率

在传统企业中，企业面对市场变化和用户反馈时，往往需要层层上报，由企业高层做出决定后，再采取行动。但是，在层层上报的时间差中，又常常出现问题扩大直至导致用户失去耐心的问题。

从 2008 年起，丰田汽车公司取代了通用汽车公司，成为全球第一的汽车生产商。但是，丰田公司第一的位置还没有坐稳，就陷入了"召回门"事件。2009 年，丰田公司接到了下属品牌汽车普瑞斯刹车失灵的投诉，在美国发生了超过100件，日本也有13件。发生了如此严重的事情，丰田公司竟然直到4个月后才对ABS（防抱死制动系统）进行修理；2010年2月，时任丰田执行副总裁的佐佐木方得知此事；2012年10月，丰田公司才宣布在全球召回743万辆车。而丰田公司之所以如此缓慢地做出决策，是因为丰田的管理集权性很强，组织层级过多，很多关键信息会在冗杂的层级传递过程中被漏掉。甚至有丰田员工反映：有时候在接到顾客投诉后，部分员工甚至不清楚具体的负责人员是谁，由此耽误了处理问题的时间。

对于企业的运作与响应效率问题，杰克·韦尔奇曾表达了这样的观点：层级制度是严重阻碍企业效能的因素。他用一个形象的比喻来批判层级的"反应障碍"："当你穿着六件毛衣出门的时候，你还能感觉得到气温吗？层层管理的官僚体制就是我们那六件毛衣！"丰田公司应庆幸的是，它经营的是汽车产品；如果企业经营的是一款App软件，而企业在出现问题后却用长达数月的时间来解决，那么企业将直接失去其市场用户。

可以说，提高企业自身的管理和行动效率，已然成为企业推进快速迭代的关键所在。如今，越来越多的互联网公司已经认识到了这一点。于是，它们为企业工作人员赋予了很多可以灵活机动处理事件的权力，使其能够在第一时间设计出产品迭代方案，让迭代之后的产品能够更加快速地面向用户。

在360公司内部，周鸿祎将十几条业务线分成了400来个小团队。这些小团队再被分为两组，在遇到问题时，他们可以直接向周鸿祎和齐向东汇报。只要是真正涉及用户需求和反馈的业务，无论是普通的程序员还是实习生，都可以直接找周鸿祎和齐向东沟通。所以，那些在其他企业可能需要三四天才能制订出的解决方案，到了360公司，有时仅仅需要短短半个小时，便可制订出，并可以立即执行。

可以说，在如今这个时代，"快"不仅代表企业的态度，更显示着企业的实力。这种实力来自企业始终保持的高度紧张感和执行力。因为只有以快打快、快速迭代，才能使企业赢得更多的忠诚用户，扩大市场的份额，维持行业前端位置。而为了做到足够"快"，企业必须打造出一个顺畅的流程体系，精简组织层级，提升工作效能。

二、以市场需求驱动，打造端到端流程，实现快速响应

企业的业务活动是千变万化的，但是各企业都必须确保运转有序。这就需要企业建立贯通、规范、精简的流程，使之能够避免不必要的探索，保证流程能够在企业中快速推行和贯彻，进而快速响应客户需求。

1. 架构以服务为导向的端到端流程，并持续优化

崔西定律指出："任何工作的困难度都与执行步骤的数目平方成正比。"所以说，实现高效的管理必然要借助一套精简的流程。而打通以客户为导向的端到端流程，是企业实现全流程管理的一种高效践行模式。所谓"端到端"流程，是指"从客户需求端出发，到满足客户需求端去，提供端到端服务，端到端的输入端是市场，输出端也是市场"。当一个企业的所有组织及工作都始终围绕客户需求运转，那么这个企业就永远不会迷失方向。

在实践中，企业要想构筑端到端的流程，要先解决"通"的问题，即先打通流程环节。17 世纪，瑞典建造了当时世界上最大的战舰，国王要求"战舰航速快、火力强、装饰华丽"。但是，由于其处处追求细节，忽略了自身承载能力，结果这艘战舰在处女航中就沉没了。

从本质上来说，制造战舰的目的是作战，任何装饰都是多余的。企业管理也是如此，要确保流程始终围绕业务，避免流程过于烦琐。这要求企业在确定组织结构时，先梳理主干流程，再据之建立流程化组织。

1997 年，IBM 咨询人员针对华为当时的研发管理情况，给出了一大堆

让人头痛的诊断结论：对客户需求缺少前瞻性关注，反复做无用功；缺少跨部门结构工作流程，部门之间完全依靠人工进行衔接；企业内部存在严重的"部门墙"问题，各自为政；人员作业不规范，项目执行混乱……这个诊断结果让华为深刻意识到了公司业务效率低下的问题所在。

随后，华为立即以客户需求为导向，紧紧围绕"价值创造"这一主题，历经8年构筑了高效的流程化运作框架。任正非指出："那些不能为客户直接和间接创造价值的部门为多余的部门、流程为多余的流程、人为多余的人。"那些不符合此标准的部门、节点、人员，皆被视为"冗余"而被减掉，华为的流程由此成为简单、清晰、快捷的"端到端"流程。为了做到"因地制宜"，提升企业的整体业务效率，华为允许各单位的员工在实践过程中参与流程总结、集成及优化，从"实战"中获取经验教训，从全流程视角去审视流程建设工作或流程改善效果。

事实上，对于任何企业来说，之所以能够快速行动，都离不开顺畅、简洁的流程；而顺畅、简洁的流程则来自人们的持续实践、总结、集成与优化。

2. 采用规范的流程语言，统一全员的流程管理认知

规范的流程语言是统一员工认知和行为的前提条件，是企业文件制作的基本要求之一。为了确保流程语言的规范化操作，以便统一全员的认知，企业需要对以下两个方面予以足够的重视。

（1）固化程序要求

固化程序要求是指把所有能确定的流程环节、具体要求等，都予以制度化、程序化操作。诸如，对于专利申报、财务划转等工作，应让相关工作人员实现规范化的管理与执行，并不断地把例外事项变为例行事项。华为曾反复强调，对于企业已经明确有规定或者已成为运作惯例的事项，要

使之按照流程要求尽快通过；而对于还没有规定的事项，则应多加研究，使之尽快成为规定和惯例。总体上来说，企业例行事项的数量越多，其流程处理就越快；企业的科学化程序越多，个人的知识经验就显得越不需要。一言以蔽之，企业在例行化工作方面应围绕"事"而不是"人"来进行。

（2）让流程模板化

在企业使用诸如岗位操作标准、合同文本规范等文件时，皆应选用同样的模板，且能够让人们灵活地运用模板。任正非说："提供了一个样板，一个模板，并不是让你绝对地、教条地去执行这个模板。你可以在这个上面做些有序的改动，好过你什么都从头想一遍。"这样既能确保输出的高质量、高标准，又能节省时间，以最快的速度来响应市场需求。

3.明确流程执行人员的责权利，确保流程运作顺畅

为了确保实现全流程贯通的目标，企业必须明确流程中各环节人员的责权利，从而使得各环节人员能够术业专攻、各司其职，预先避免出现流程责任不清或交叠等问题。

（1）明确流程人员的责权利

2014年，《华为人报》发表了一篇名为《"波"澜老成：把"自治权"还给开发者》的文章。文中描述了一种问题现象：版本开发团队经常会抱怨X管理部门要求用A工具，Y管理部门要求用B工具，两种工具存在很多重叠项，为其付出了很多学习成本；这项工作要求提升效率，那个项目又要求全面排查质量；试点项目要求人们以新版文档交付，但流程审计人员检查的却是老版文档，人们的大量精力都被用于文档转换……面对诸多问题，版本开发团队苦恼不已。为此，开发团队主管请求上级领导协调不同部门的管控要求；而领导则指示："开发团队与这些部门关联不大，不必一一满足那些部门的要求。"该主管抱怨道："公司的'庙'多，没准哪天

就得'拜佛烧香'，谁也得罪不起！"

在这个问题描述中，不同部门人员都会对版本开发工作提出意见、提出要求，但是他们往往只考虑某项改进对本部门业务的收益，而未从整体的角度去商榷这项改进或开发是否存在引发内部冲突的问题。

后来，华为针对版本开发工作进行了重新规划，即明确开发团队和各部门的权责——授予开发团队更大的改进自主权（比如，改进内容、改进时间、改进目标、改进方案、改进评估效果等，都由开发团队负责），并将各部门的职能定位为支撑职能。此外，华为在测试领域建立了3A（指定时间支持、指定地点支持、指定人员支持）责任制。如此一来，各部门要求改进的项目数量越来越少，而测试经理在改进工作方面的关注度和投入时间则明显增强，不同改进项目之间的协调效果更为明显，责任落实也更加到位。

华为内部对版本开发团队工作的改进，进一步明确了各团队与部门的责权利，各人各司其职，由此保障了流程的流畅运行。华为的这一做法堪称企业"依流程设计来实施授权管理"的典范事例——它实现了组织权力的逐层下放，最终实现了"以客户需求驱动流程化组织运作"的目标。

（2）安排适宜的负责人员

在依据流程环节进行授权的过程中，企业还应注意关于授权人选的问题。比如，把权力下放给最了解流程、最有责任心的人员，并对流程进行例行管理，这样可以大大减少人为干预的频率，让确定的事情能够得以快速通过审批。

在例行管理中，企业有时可能会遇到某个人离开导致流程中断的情况。

针对这种情况，企业可以实施管理岗位"AB角机制"，以此保障业务流程的持续运行。"AB角机制"是指A员工对某项工作担负主要责任，B作为A的接替者——当A因某个原因而无法负责该流程的工作活动时，B便会立即站到A的位置，担负起A的责任来。A与B二人不得同时离开岗位工作。"AB角机制"的特点是B的职位高于A，B具有比A更大或更多的决策权。在B替代A工作的过程中，B可以自行决策相关事宜，而不必向上级请示。上述机制的设计，有效地排除了不确定因素所造成的干扰和阻碍，确保了流程得以持续运行。

如此一来，企业的每个工作流程环节上便都安排了力能胜任的责任人（包括接替人）、主管人、分管领导，每一级都设有各自明确的责任，在遇到各类事件时都能够快速采取有效的处理措施。例如，每级责任人在签署下级文件时，都要明确自己的处理意见，而后再向上级请示汇报。当这一切全部处于清晰状态之后，企业的运行流程会越发顺畅，自然也就能够针对内外部需求做出快速反应了。

三、精简组织层级，高效协同，优化系统支持模式

组织结构是企业赖以生存的土壤。因为一旦组织结构僵化，企业往往难以抵挡外部冲击。所以，企业要严格防范组织结构的僵化，保障其灵活性，以实现企业的高效运作。具体而言，每个企业都有必要确保其组织层级的简化，保证内部不同层级之间、不同单元之间的高效协同，为整个企业建立系统的支持模式，以此提升企业对外部需求的快速反应能力。

1. 精简企业管理层级，缩短命令链，提升整体效能

德鲁克曾言，未来的企业要"瘦而有肉"。也就是说，每家企业不仅要将"瘦身"作为长期目标，还要遵循行之有效的原则和方法进行"瘦身"。组织扁平化是一种有效的组织结构瘦身模式。

所谓组织扁平化，是指打破传统企业中自上而下的、"金字塔"式的多层次组织结构，通过减少组织层次（主要是中间管理层）、减少或合并职能部门和机构等方式来缩短命令链，打造出一种相对紧凑的横向组织，从而使企业运作更灵活、反应更敏捷。

杜邦公司是一家经营了200多年的老公司。19世纪，在杜邦发展的第一个百年里，杜邦建立了高度集权的内部组织，基本以单人决策形式来进行企业经营管理。由于这一时期正处于杜邦的起步、发展期，公司的总体规模不大、产品比较单一，所以，集权式组织管理模式是符合杜邦公司在该时期的成长规律的。

进入 20 世纪以后，杜邦公司在组织结构上做出变革，呈现出组织扁平化的特征。杜邦公司放弃单人决策式管理，采取职能式管理。尽管它在组织管理方面仍然是高度集中的，但由于杜邦此时的产品仍然相对单一，故而职能式管理模式大大促进了杜邦公司的发展。然而，杜邦公司随后开始了收购、扩张等一系列行为，其产品类型变得更多，企业规模迅速扩大，原有的组织形式就显得有些不合时宜了，其直接结果就是企业利润额的严重减少。

1921 年，杜邦改为事业部制，按照不同产品种类，设置了 5 个分部（包括炸药、染料、塑材、涂料和涂膜），一改过去的集中管理模式，大力实行自主经营。杜邦的内部组织再一次进行了扁平化变革，这使得杜邦可以更有效地应对多元化战略经营。

20 世纪 90 年代，杜邦公司又一次进行了大规模的组织改革和调整。杜邦公司将原有的 5 个事业部以及石油天然气业务部门划分成直接运作于市场的 20 个规模较小的经营业务部门，大大减少了企业管理层次，使得企业内部组织进一步扁平化。组织结构的变化助力企业反应速度发生变化，再加上其他方面的改革，杜邦公司从亏损状态快速转为高盈利状态。

事实上，杜邦公司每次实现跨越式的发展，都与其组织扁平化改革密切相关。后来，杜邦公司提出一个理论：对于一个独立的企业，其最佳组织层次为 4 层；只要企业不轻易地突破 4 层，那么这个企业的组织便能保持扁平化。后来，很多企业开始践行杜邦公司的这一理论。

比如，戴尔公司通过 4 层的组织结构，解决了信息不畅的顽固问题。为了在内部实现信息畅通无阻、各部门密切联动配合，戴尔将几十个商业部门平行分布在同一层面上，砍掉了中间层次的组织和人员，其职能全部由销售人员承担，直接跟客户进行对接。此外，戴尔公司还建立了供客户使用的信息系统。具体来说，一有订单传到营运中心，营运中心就会立刻通知原材料供应商；而原材料随即进入生产线，一下线便被装入集装箱，运往销售点。这样一来，便大大缩短了产品上市的时间。可以说，这种以客户为中心来设置组织结构的模式，帮助戴尔公司规避了因信息不畅、联动不足而导致的问题，大大提升了组织运作的高效性。

可以说，组织结构扁平化所带来的优势是显而易见的。那么如何实现组织结构扁平化呢？在实践中，企业可以遵循以下两条原则。

（1）与战略保持紧密关联。对此，钱德勒曾提出一个著名观点——结构跟随战略，就是说，企业如何实施组织扁平化的进程以及扁平化到何种程度，应根据企业的发展阶段和战略方向进行调整和确定。

（2）组织内部的集权与分权。企业要实现扁平化，必须处理好组织内部的集权与分权关系。比如，那些处在成长期的企业，其规模说大不大、说小不小；既无法达到大型企业的规模，又缺少小型公司的灵活应变能力。所以，选择什么样的集权与分权模式，实现何种程度的集权和分权，对企业的发展来说是非常重要的。

2. 建立支持性平台，实现资源共享，满足市场需求

为了自动自发、快速地响应市场需求，企业需要建立一套资源集成管理的大系统，通过科学管理实现各类资源的互通互联，进而支持企业各项业务活动的顺利开展。一个企业的运作，需要多条支撑性流程去保证核心流程的运作。

华为总裁任正非曾说："技术日益趋同，客户需求日益多样化，只有靠平台的支撑，才能更快速地满足新形势下的客户需求。"华为矢志于构建能够共享服务的支撑平台，更高效地响应市场需求。

在实践中，华为将不同的部门职能进行了合并，并建立了共享平台。这些平台是覆盖了研发、财务、供应链、交付等方面的多种类功能平台。1998年，华为建立了销售及服务平台、产品研发平台、生产及供应链平台和财务平台等共享平台。至2008年，华为将全球原来的8个片区拆分成20多个地区部，使指挥作战中心进一步向一线前移。各地区部以销售服务流程为核心流程，由各大平台选派人员搭建小平台，并向各地区下沉，实施矩阵式管理，确保"让听得见炮声的人决策"。这种做法最大限度地共享了资源，又避免了过去各业务部门各自为战的局面出现——只要前方表示有需求，那么大平台立刻提供对应的支持。

随后，华为又在共享平台的基础上划分出核心网、无线网、网络业务和软件四大产品线。各大产品线各有专注领域，成为专业的共享平台。以核心网产品线平台为例，该平台主要为无线和软件产品线提供共享资源，用以缩短研发周期，降低生产运营成本。

华为之所以建立这些共享平台，其意义便在于：满足核心流程运作的需要，为一线作战单元的项目组成员提供必要的支持。具体而言，平台使用者对平台所提供的服务拥有选择权，企业会根据使用者所需来提供对应的支持资源；使用者不需要的部分则会自然而然地被删减，继而集中全力地满足实际需求。

3. 满足协调之需，结构变化灵活，实现企业最适状态

企业组织结构本身应具有生命力，具有灵活性，能够随着环境的变化而变化，从而形成环境适应性更强的组织结构，保证企业组织与市场环境之间的有效互动，进而实现组织结构与市场环境之间存在的一种"最适状态"。

以谷歌为例。谷歌在重组之前，除了互联网的核心业务，还开发了"看起来与核心业务关系不大又存在高风险的奇怪部门"，如无人驾驶汽车、气球网络、可以监测血糖的隐形眼镜等项目。这些冗杂的业务和部门，拉低了谷歌作为互联网巨头的整体形象，也无法凸显它们的真正价值。为了更好地布局现在和未来，谷歌对原先旗下所有的业务进行重新梳理和调整，将其纳入新成立的集团公司 Alphabet 旗下，新谷歌成为 Alphabet 的全新子公司。

这么一来，新谷歌和 Alphabet 的业务和组织线就清晰地呈现出来。Alphabet 最大的子公司就是新谷歌，尽管它的业务大大缩水，但是却可以专注于核心的互联网业务。而在未来科技上，Alphabet 可以实现在对最新科技的敏感把握和捕捉后，根据业务领域适时成立新的子公司，并对其进行独立运营。随后，Alphabet 在无人驾驶车辆、"智能"家居、金融服务、医疗保健及其他"解决方案业务"方面进行布局。其人工智能系统 AlphaGo("阿尔法狗")更是被人们视为改变世界的项目。如今，Alphabet 市值已经达到 8318 亿美元，成为全球最有价值的企业之一。而这一切恰恰是由于组织重组与优化，成功地为企业注入了新的生机。

所以说，企业的组织机构不能一成不变。企业必须对环境的急剧变化具有很强的适应性，能够根据环境变化对组织结构实施恰当的调整和优化，进而使企业能够在一个较为合理的轨道中正常运行。而不论是大型企业还是小型企业，都要善于学习和探索精简组织层级的基本思维模式，探索组织效率协同之法，以此提升企业的运行效率。

四、优化工作排序，加快工作节奏，推行高效工作法

强化个体工作效率，是一种用于提高企业运作速度与客户服务响应效率的有效方式。提高个体效率的具体实践，主要表现在具体工作方法上，比如工作任务优化排序、协调工作节奏等。

1. 面对市场需求，预先周密规划，实现高效率设计

在日常工作与生活中，很多人很容易犯下这样的错误：一味埋头鼓励自己竭尽全力地工作，却不知道怎样工作才是聪明的、正确的。很多时候，他们虽然完成了任务，但却付出了比别人更多的时间和精力。如果企业在响应市场需求时出现这样的做法，那么无疑是非常低效的。

华为驻印度办事处的中国籍员工与当地员工曾开展了一次活动。在此期间，一个性格腼腆的印度籍项目经理，对一位中国籍的华为员工非常慎重、小心地说："我非常佩服你们中国人的执着和干劲，但是建议你们能不能在WORK HARD（努力地工作）的同时，注意WORK SMART（聪敏地工作）。"他说，在执行计划前，应该首先DO THE RIGHT THINGS（做正确的事），然后再DO THE THINGS RIGHT（把事情做对），这样才能DO THE THINGS BETTER（把事情做得更好）。

确实，印度项目经理一般在项目准备阶段将工作做得非常细，包括需求确认、项目预测、项目开发、制订项目培训计划、制订项目质量监督计划、制订项目必要资源（人力、软件和设备）供应计划、制订风险控制计划、项目流程定义等。对此，中国籍员工总觉得他们又慢又傻，耽误项目工作的开

展。然而，一旦项目展开，他们所需的资源基本已经准备就绪，甚至有些项目会提前完成。

"凡事预则立，不预则废。"高效率是做出来的，但它首先应该是设计出来的。在面对市场需求时，不要急于行动，为了响应而做出响应动作；而要仔细地想清楚应该怎么做，做好效率设计。如此一来，我们才能避免推倒重来的问题，让市场响应工作真正高效且产生实效。

2. 分清轻重缓急，明确优先级，高效不紊地推进运作

保证效率的方法之一是优化工作序列。科学的工作排序可以分两个步骤进行：先是分清轻重缓急，而后设定优先级。

（1）分清轻重缓急

在工作中，人们可以根据四象限法则，将所有任务分别放在 4 个象限中，通过这种方式来分清哪些事项应优先处理或延后处理，继而根据工作紧急、重要程度来确定任务开始与结束的时间。

美国的管理学家科维提出"四象限法"，将工作任务分为 4 个象限，如图 3-1 所示。

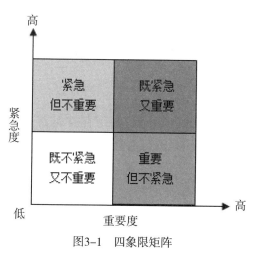

图3-1　四象限矩阵

第一象限：既紧急又重要。处理这部分事件是非常考验人们的经验和判断力的。在处理该象限的事件时，如果缺乏有效的工作计划，那么便容易导致本来尚处于第二象限"重要但不紧急"的事情也变成第一象限的工作。而后，人们的工作常态变成了一个字："忙"。

第二象限：重要但不紧急。如果对这一象限事件的处理不及时，会导致第一象限的范围日益扩大，使人们承担更大的压力，并在危机中疲于应付。反之，如果为这个象限的事情妥当地安排时间，则可以缩小第一象限的范围，有利于提高工作效能。

第三象限：紧急但不重要。表面上，它们好像是第一象限的事件——因为时间的迫切性会让人们产生"这件事很重要"的错觉。于是，人们将大量的时间耗费在这一象限里，其实它们仅仅是在满足他人的期望而已。

第四象限：既不紧急又不重要。这一象限的任务是不值得花费任何时间的，做出任何动作都相当于在浪费时间。但事实上，很多人在一、三象限来回焦虑地奔走，有时会非常希望去第四象限里稍作休息，如玩游戏、读小说，但这类休息往往无法得到真正的休整效果，反而会让个人的精力遭到更大程度的损伤。

一般而言，对第三象限的收缩和对第四象限的舍弃，是众所周知的时间管理方式；但是在对第一象限与第二象限的事件处理方面，人们常常难以进行明智的处理。事实上，很多人更关注对第一象限的事件的处理，这使得人们长期处于高压力的工作状态下，忙于处理危机，最终心力交瘁、精疲力竭。所以，在设定优先级别的过程中，区分清楚事件的紧急程度与重要程度，是至关重要的。

（2）设定优先级

为目标和工作事务设立优先级，是提高个人工作效率的关键所在；而需要避免人们奋力完成的往往是根本不需要做的工作事务。为了避免新员工始终纠缠于对繁杂事务的处理，华为曾特意在时间管理培训课上重点强调：学会为工作任务做好排序，并科学地规划事务处理的优先级。

伯利恒钢铁公司的总裁理查斯·舒瓦普曾向艾维·李委托请教提升工作效率的方法。艾维·李给出这样的建议：确定各项需处理的工作任务；将其优先顺序写于纸上；根据纸上所写的顺序，从第一件开始去执行。

理查斯·舒瓦普对于这3个建议感到非常怀疑，不过他还是按照要求，将自己在次日所需处理的工作预想了一遍，为第一项到第六项进行了优先级排序，并将其写在一张纸上。翌日，理查斯·舒瓦普到公司后便开始照本宣科地执行。结果，他惊奇地发现：工作效率明显提高。

事实上，能将六项工作事务全部完成的人非常少；但是一个人完成了前四项工作事务，那么，他便完成了最重要和较重要的工作事务，其工作效率自然明显得到了提高。

在工作开始前，每个人都应先弄清什么是最重要的事，什么是应该耗费最大精力去重点做的事，做好优先级排序。从操作角度来说，如果一个人能够清楚地回答以下五个问题，那么他便能很容易地区分事务的优先级了。

第一个问题："我需要做什么？"要想分清缓急，就要先弄清自己需要做哪些工作事务。对于重要的工作事务，必须确定其是否一定要做，或一定要由自己去做。对于那些非做不可但并不一定需要亲自完成的工作事务，则可以委托他人来进行操作，而自己负责检查工作结果即可。

第二个问题："什么工作事务最有价值？"将时间和精力集中在最有价值的工作事务上，即能比别人做得更出色的工作事务上。在这方面，可以用帕累托定律来引导自己——用 80% 的时间完成能带来最高价值的工作事务，而用 20% 的时间完成其他工作事务，这种使用时间的方法极具战略眼光。在开始采用这种方法前，不妨问问自己：哪些工作事务是最有价值的？如果不能给出非常确定的答案，那么不妨询问自己周围的同事、管理者。这是因为旁观者有时可以非常清楚他人该做的最重要事务是什么。

第三个问题："我的关键绩效是什么？"为了能出色地完成工作事务，必须实现什么目标或达成什么结果？在所有关键绩效区间中，哪一个是最重要的？取得关键绩效的事务就是应该被设置为最高优先级的事务，它应该被安排在最近的时间内优先完成。

第四个问题："我能胜任的最有价值的工作事务是什么？"如果某项工作事务只有自己才能胜任，而将之出色完成后将带来巨大价值，那么，思考这项工作事务是什么？确定这项工作事务后，立即采取行动出色地完成，这将带来巨大价值。

第五个问题："现在，如何使用时间才是最有价值的？""现在"这个词代表了事务处理的限定时间，它要求人们在开展工作前综合考虑当下工作的条件、自身现在的执行能力以及现在承担的事务总量等因素合理计划安排时间，并通过掌握正确的时间管理技能，来确保时间管理的高效性。

弄清上述五个问题后，再为即将面对的工作事务做出优先级判定，人们便可以快速地确定事务处理的主次，以最有效率的工作方法取得更多收获。

3. 确认个体节奏，协调多方，保障效率计划的适宜性

任何工作事务的落实，都要依循自己特有的节奏，有条不紊地开展。人们常说"调整好了节奏，就控制好了工作效率"，说的正是工作节奏之于工作效率的重要影响。和谐的工作节奏，可以确保工作进度的稳定性，保障工作流程的正常运行。但是，有时候一些打扰（电话、来访、邮件等）

却会打乱原有的工作节奏，使得工作效率大大降低。为了解决这个问题，人们可以先确定自己的工作节奏，再考虑如何创建更为和谐的工作节奏。

（1）确定自己的工作节奏

很多企业呈现出的快节奏状态，主要源自其员工对工作节奏的把握。如果一个人在工作过程中常常被打断，其工作自然缺少节奏感，势必会影响工作进度。而对一些强调合作的工作，若想完全不被打扰，几乎是不可能的。所以，必须采取有效的方法去控制好自己的工作节奏。下面以员工小 A 的事例来说明工作人员可以如何把控自己的工作节奏。

第一步，通过时间安排表，标注自己是否经常被打扰。小 A 在时间安排表的基础上，又加入了 3 列内容，标注出自己未完成工作是否因为"被打扰"；然后再通过分析日常工作计划落实情况，确认自己被打扰的时间长度和原因，如表 3-1 所示。

表3-1　任务安排表

工作任务	计划工作时间	实际工作时间	是否与预期有差距	是否被打扰	被打扰的时间长度和原因
1	9：00～10：00	9：00～10：20	是	是	20分钟/任务咨询
2	10：00～11：00	10：20～11：20	是	否	—
3	11：00～12：30	11：20～12：50	是	否	—
4	14：00～15：30	14：00～16：30	是	是	1小时/请求帮助
5	15：40～16：30		是	否	原计划取消
6	16：40～18：30	16：40～18：30	否	否	—

第二步，找出经常被打扰的时间段。小 A 找出自己最常被打扰的时间段后，回忆了当时同事打扰他的理由。从上表来看，9 点到 10 点，他被打扰了，原因是任务咨询；14 点到 15 点 30 分他再次被打扰了，原因是请求帮助。由于被打扰，小 A 虽然全天都在紧锣密鼓地快速工作，但完成工作的总时间仍然被拉长了共计 1 小时 20 分钟。

第三步，评价自己的工作节奏。小 A 以全天的工作计划与实际完成时间为参照，比较自己在一天内被打扰的次数和每次被打扰的时间长度。如果被打扰的次数超过 6 次或单次被打扰的时间超过 20 分钟，使工作推进进度延迟 10% 以上，那么即可判定：他的工作节奏被打乱。根据统计数值，小 A 认为自己的工作节奏被打乱了。

第四步，分析工作节奏被破坏的原因。人们的工作节奏被打乱是有很多原因的。比如，不喜欢得罪他人？喜欢参与每一件事？习惯于接受他人的咨询？不知如何快速结束他人的来访？喜欢和他人交谈？……小 A 客观分析后发现，他早已习惯于接受他人的咨询，并且在此过程中感受自己的重要性。而这个"习惯"却使他用去了大量时间，甚至使得部分工作计划被延迟、取消。所以，他得出结论：建立起和谐的工作节奏是十分重要的。

（2）创建和谐的工作节奏

工作能够持续开展，才能形成和谐的工作节奏。和谐的工作节奏使每天的工作任务可以完全按照计划来执行，并在预期内完成。为了创建和谐的工作节奏，可以采取以下 3 种方法。

方法 1：在固定时间内开展同类工作。将同一类工作事务安排在某个固定时间集中完成。如果 A、B 两项工作事务属于同一类，可以选在同一个时间段内开展。例如，统计前一天的事务完成数据，对于 A 事务和 B 事务的数据可以同时加以统计，而这项统计工作可以安排在每天工作结束前半小时内进行。另外，人们一旦启动某项事务后，要保证其持续性，切忌中途停下来又去开展另一项事务的工作。

方法 2：事先明确工作事务。工作开始前，一定要明确具体事务的内容和预期达成的效果。在事务执行过程中走"直线"，减少不必要的工作步骤，直接选取为达成工作目标而操作的环节。并且，明确自己的工作事务才能保证工作方向的正确性，这也是提高时间利用率的最佳技巧之一。

方法 3：找出与他人共同操作的环节。对于可能被人打扰的工作环节，要提前定出专门的时间段，以确保工作事务不会在启动过程中被迫中断或延误。如果是自己需要得到他人协助才能完成的工作事项，则要事前与对方商榷适宜的交流或协助时间，以免打乱他人的工作节奏。

诚然，企业中的每个人都应追求高效率；但是在设定每个工作环节的效率时还需考虑其与整体的协调性。比如，确认每个小环节的效率与整体项目的工作效率是一致的、和谐的；如果以这样的整体效率去应对市场需求，也是比较适宜的；等等。这样，才能避免盲目追求效率而使效率管理沦为形式工程。

第四章
正道经营，优化合作，
掌控互联之道

商业经营讲求"和合"之道。"和合"本义为"协调""和睦"，如将其延伸至商业之中，可以理解为：通过合作互联模式，形成合力之态，同时打造正向和睦的商业氛围。

和合首先应居"正"，行正道，不投机，维持稳健经营状态；而后以稳健经营为基础，秉持开放的心态，以合作共赢为目标，多角度、全方位地整合资源，由此建构一种多方融合的持续性生态系统。这也是很多成功企业矢志打造的一种商业经营状态。

一、蹈行正道，差异化经营，打造稳健的经营业态

企业经营首先要坚持的是"正"。所谓"正"，是指蹈行正道，秉持公平公正之念，实现稳健经营。唯秉正、行正，企业方能走得长远，建立长远基业。

1. 蹈行正道，依循正道经营行事，避忌商业投机之心

行正道是"人生的王道"，是所有人的职责所在。在企业经营时，更应以此为基准。

（1）视正道如敝屣，势必导致企业分崩离析

所谓正道，是指为人处世的行为规范与基本道德，如诚实、谦虚、努力、博爱、正义、公平、正直、不欺骗，等等。这些看似质朴无华的教诲之言，即为正道。

虽然坚持正道之理是天经地义的，但在现代社会中，人们却常常难以蹈行正道。其原因正在于：人们"不知正道为何物"，或视之如敝屣，不屑于遵循正道。在企业管理实践中，很多企业是从小小的谎言开始，最后发展至分崩离析的，一些管理者甚至因玩弄权术而遭严厉制裁。

稻盛和夫曾描述过这样一种现象：当人们开始决定坚持正确之道时，有的人却畏缩不前，不敢据理力争，担心给自己造成不利影响；或者周围有人劝导"如果太过于严厉，大家都跟着你受累"；或是在他人请求自己去做与自己信念相左之事时，担心自己因严词拒绝而被斥为"冷血"。于是，人们便放弃了坚持正道的信念。

事实上，对于一个合理的存在，是完全不必担忧的。只要选择了自己判定为正确的道路，那么不论面临多少次逆境或得到了怎样的结果，都应心甘情愿、甘之如饴地循着这条道路向前行进。只有达到这样的境界，企业才能在经营之路上稳步走向成功。

故而，任何致力于企业未来发展的经营者都不应为求自保而妥协让步，或因心存怜悯而感情用事，而应倡导企业上下"依循正道"之念，且做到身体力行。

（2）"知道"，更要"做到"，遵循律己伦理观

近年来，大企业公布虚假年报、制作粉饰业绩的假账等丑闻接连不断，如果这些企业如实提供年报，可能会蒙受一定的经济损失。所以，在这些企业中出现了篡改数据、非法蒙骗、不遵守经营伦理法则等问题。

其实，之所以出现这样的问题，其原因便在于：经营者缺乏遵行正道的律己伦理观。虽然人们在头脑中知道那些基本伦理观念，但却并未真正转化为深入自己内心的精神理念，故而一到紧急关头，他们便会毫不犹豫地实施欺骗行为。

昔年稻盛和夫经营日本京瓷公司时，非常注重公平、公正、正直等质朴的价值观，抱持着崇高的伦理观，公司有着很好的风气。但是，在这个开展阿米巴经营的公司里，也曾一度出现过欺骗之事：部分阿米巴管理者粉饰自己部门的经营情况，掩盖生产问题。管理者本应在没有取得理想的业绩时，坦诚地向最高领导表示"这次没有很好地完成任务"，但由于害怕遭到自己上级以及周围人的指责，他们却公然掩饰事实结果。

从京瓷公司的总体经营效果来看，我们不能认为这些阿米巴管理者是缺少管理的智慧而使得经营情况不佳；实际上，他们是"聪明反被聪明误"，错误地使用了智慧，最终才出现了令人始料未及的问题。换言之，一个有智慧的经营者，如果尚不具备与之相称的人格，那么就会做出很多让人想象不到的事情来。

荀子曾言："公生明，偏生暗，端悫生通，诈伪生塞；诚信生神，夸诞生惑。"意思是说，公正让人耳聪目明，偏私使人昏暗愚昧；端正谨慎会产生通达，欺诈虚伪则会产生闭塞；真诚老实会让人心神清明，大言自夸则会产生糊涂之心。这句话如果用到企业经营中，姑且可以这样去理解：企业经营者自身具有和呈现出什么样的经营品质，那么这个企业便会呈现什么样的工作氛围。也就是说，企业经营者必须依循正道行事，避忌投机之心，如此方能使企业上下齐心，在正道上共同奔向美好的未来。

2. 以差异化战略冲出低价重围，以标准化量产稳定商业输出

过去，低价输出曾是中国企业作为"世界工厂"的必杀绝技；然而，随着各大生产要素的价格不断升高，在同质低价的价格大战环境下，企业的利润日渐微薄。为了突出竞争重围，破解低价困局，实施差异化加标准化战略将成为一条优化商业输出的可行之路。

（1）差异化设计与创新

差异化意味着在某一方面或某些方面独树一帜，形成自己独特的竞争优势。差异化的实现途径是非常多的，比如市场细分、生产工艺、经营模式、品牌营销、销售渠道等，都是企业可以尝试探索的方向。我们以婴童企业为例，来看看它们是如何进行差异化设计与创新的，如表4-1所示。

表4-1　差异化实现途径与企业实践

差异化实现途径	企业实践例证
市场细分的差异化	Baby ruler公司一直致力于"重塑线上高端童车第一品牌"，其中有两个关键词：线上、高端。选择"线上"是为了避开线下品牌的强大优势竞争；选择"高端"，意图发展成为"婴儿推车中的劳斯莱斯"，是因为高端产品不易被模仿
生产工艺的差异化	明门（中国）幼童用品有限公司长期积累欧美市场经验，设计优于各国相关产品设计法规要求，目前是全球婴幼儿产品最大的ODM代工工厂。这也是它一贯支持国外提高标准理念的原因

续表

差异化实现途径	企业实践例证
品牌营销的差异化	"好孩子"在婴儿推车领域的知名度较高，据《2014年中国婴童用品和玩具市场调查报告》显示，在全部受调查的38个婴儿手推车品牌中，好孩子的品牌认知度在一线、二线、三线城市都高居榜首。这种高知名度的实现，除了产品本身确实极具竞争力以外，公司成功的营销模式也功不可没。比如，其经营者经常在媒体上畅谈企业在创新、技术、核心竞争力方面的突出表现

当然，为了配合差异化实践，企业必须考虑自身能力——通过对企业进行自我分析，认清优势、弱势与企业的核心能力，然后从核心能力出发，明确合适的发展领域，打造自己的专业性和不可替代性产品。此外，企业还要深度研究客户需求，确认差异化商品输出是客户真正需要的，确保差异化实践的有效性。

（2）以标准化推动量产运作

企业需要给予消费者差异化的呈现，但是过度差异化往往会带来失控和不稳定。所以，差异化呈现的背后必须有稳定可控的状态，是可以通过标准化实现量产的，否则差异化的商业价值就会大打折扣。

具体到实践层面，差异化可以是内容差异化、产品差异化、服务差异化、感知差异化、体验差异化等；而标准化则可以体现为工艺标准化、流程标准化、渠道标准化、要素标准化、品质标准化等。

（3）以IP驱动差异化实践

普通的差异化实践，可以帮助企业从单纯的价格战中脱离出来，避免恶性竞争；而顶级差异化则可以推动企业快速进入商业蓝海——客户不再纠结于企业产品或服务的价格，而是因"物有所值"的价值判断而心甘情愿地为产品或服务买单。目前有一种常见的顶级差异化操作，就是以IP驱动的差异化。

IP是英语Intellectual Property的缩写，意思是"知识财产"。以婴童企业为例，部分企业通过开发动漫产业，将动漫作品在动画频道进行播放，在婴童的头脑中植入动漫形象，然后在玩具工厂对动漫形象进行实体开发，由此创造出企业的超级 IP。企业会因此自主创造出一条环环相扣的差异化路径，同时也使得其他企业难以进入，进而成功拓展出一片蓝海，迎接崭新的、更大的利润空间。

二、开放合作，不单打独斗，打造多赢模式

美国零售业巨头西尔斯公司的管理者罗伯特·伍德说："无论多么强大的士兵都难以战胜敌人的围剿，但是如果他们联合起来就会战无不胜，瓦解掉阻挡在面前的一切障碍。"事实证明，当一个行业处于极为激烈的竞争态势中时，往往是那些懂得合作共赢的企业或组织联盟更容易斩获成功的硕果。

1.避免封闭模式，建立开放式组织，利于广泛合作

随着市场竞争的日趋激烈，为了更好地应对市场变化和提升企业竞争力，企业宜避免封闭式管理，而选择适于合作的开放式管理。

很多企业为了"技术保密"，会选用封闭式管理模式。但是，企业要做好保密工作，并不一定要采取封闭措施；还有一种方法就是，在一些相对成熟的技术方面与竞争对手进行限定性合作，使有限的资源发挥出最大的效用。

1971 年，王安电脑公司推出了一款 1200 型文字处理机——当时被称为"世界上最先进的文字处理机"。凭借着这一项高端技术，王安电脑公司很快成为全球最大的信息产品商，而王安的个人财富一度超过了 20 亿美元。甚至在 1985 年的《福布斯》"美国 400 名最富有人物"名单上，王安高居第 8 名。然而，好景未能持续多久。王安电脑公司长时间在技术方面采取的是封闭路线，不愿意与别人进行合作，导致这家原本拥有着极为强大的技

术研发能力的企业很快走向了衰落。1992年，王安电脑公司宣布破产保护，公司股票价格也由每股43美元惨跌到75美分。

华为在创立早期，在市场中没有任何竞争力。任正非曾言："华为既无技术，又无管理。"说这话时是1993年，任正非当时走在北京中关村的大街上，有人问他："你怎么评价方正公司？"任正非的答案是"有技术，无管理"。"怎么评价联想？"这回任正非的答案是"有管理，无技术"。最后，当被问到华为时，任正非的答案更直接："既无技术，又无管理。"然而这段问答却使任正非突然认识到：一味封闭管理，并不会促进华为的快速发展；唯有建立开放式组织，才能让华为走出中国，与世界级企业站在同样的舞台上，否则必将自取灭亡。

王安电脑公司和华为公司给人们这样的启示：在这个技术与社会快速变化的时代，企业要想持续发展，就应考虑设计和采取一种利于广泛合作的开放管理模式。

2. 超越对抗性思维定位，将竞争关系转为竞合关系

市场中的企业关系不应是企业之间你死我活的竞争关系，而应追求更健康、长期的关系状态。

（1）形成合作共赢思维

林肯曾说："消灭敌人最好的办法就是把对手变成自己的朋友。"企业必须极力避免"杀敌一千，自损八百"的对抗性思维，将敌人变成朋友、寻求合作共赢才是企业的全胜之道。

华为曾提出一套著名的经营哲学，叫作"深淘滩，低作堰"。华为总裁任正非是这样解释这套哲学的："我们不要太多钱，只留着必要的利润，只要利润能保证我们生存下去。把多的钱让出去，让给客户，让给合作伙伴，让给竞争对手，这样我们才会越来越强大。""在华为发展壮大的过程中，不可能只有喜欢我们的人，还有恨我们的人，因为我们可能导致很多个小公司没饭吃。我们要改变这个现状，要开放、合作、实现共赢，不要一将功成万骨枯。前20年我们把很多朋友变成了敌人，后20年我们要把敌人变成朋友。当我们在这个产业链上拉着一大群朋友时，我们就只有胜利一条路了。"

把敌人变成朋友，赚大钱不赚小钱，不追求利润最大化，只追求合理的利润。让利于客户，如此合作才能长远，才能实现共赢。其结果也必然会如任正非所言，虽然企业"主观上是为了客户，一切出发点都是为了客户，而最后得益的还是我们自己"。

（2）打造互利共赢模式

企业与企业之间的合作，不应是非此即彼地压榨对方，而应真正实现互利共赢，否则将难以维持稳定发展的局面。

关于互利共赢式采购，人们往往非常喜欢援引"大卫新娘"的例子。"大卫新娘"是美国最大的婚纱零售公司。根据该公司总裁保罗·普雷斯勒的介绍，"大卫新娘"之前一直是从中国工厂采购精细的缝纫制品，这种情况持续了很多年。至2013年前后，该公司考虑到中国持续上升的劳动力成本以及物流垄断等各方面因素，便决定扩大采购源，开始与一家斯里兰卡的工厂合作。当时，经营这家工厂的企业家能够以具有竞争力的价格为之制造高质量的商品，并在这方面有过很多成功的经验。

于是，"大卫新娘"为这家工厂提供了25%的资本，提供对应的技术培训，签订了一个为期5年的先期采购合同。这样一来，这个企业不仅能够扭亏为盈，还能获得外部资本投资。保罗·普雷斯勒解释道："对我们

而言，供应链是一个非常强大的武器，我们要让斯里兰卡的合作伙伴感受到我们的重要性，他也要让我们感受到他的重要性，这样我们才能长期合作。"

"长期合作"这一目标对于企业来说是非常重要的。要想创建一家全球性企业，坚持互利共赢原则是一大关键因素，因为是否实现多方的互利共赢，会直接影响合作事项进展与合作的顺利程度。可以说，即使再强大的企业在面临竞争时，也存在倾覆的危险。所以，企业必须超越竞争来看待竞争，用共赢取代竞争，建立起关联紧密的生态系统，这样才能找到一条全胜之道。

3. 团结合作，协力攻艰，协同创造企业的最大效能

在企业内部，倡导采用合作模式也是非常重要的。从企业角度来说，单单一位员工的成功并不是真正意义上的成功，唯有实现整个企业的终极目标，才算是取得了真正的成功。"个人英雄主义"只能让人距离目标越来越远，唯有保持团队合作，才能合力围剿并成功拿下"猎物"。

华为公司的一名员工，这里我们暂且称之为小B。有一年，小B刚刚被调派到某代表处当主任，当时恰巧出现了服务器宕机事故。由于该事故发生于白天时段，对客户的影响非常大，客户的投诉电话不断，甚至个别客户情绪激动地冲进了营业厅。小B突然遇到如此严重的情况，感到非常紧张。他连忙向公司各级领导汇报，并立即组织突发事件应急小组，以求尽快解决问题。

了解了具体情况后，中国区领导立即赶往现场，对代表处工作人员进行紧急支援和工作指导。虽然他们抵达办事处时已是半夜时分，但他们未作休整便立即前往一线，与区域客户经理一同应对客户的不满。随后，所

有人一起完成根本原因，并马不停蹄地去机场，等待向客户汇报。而在事故现场，突发事件应急小组组员们也在一刻不停地全力抢修，最后彻底解决了客户的问题，化解了客户的不满。后来，客户感叹道："只要我们有需要，华为人就一定在。"

从案例中可以清晰地看到：一个企业上至高层领导、下至一线员工都被聚拢在一起，他们主动担当、默契合作、齐心协力，由此创造出一股企业化解难题或危机的强大动力。

可以说，无论是面向企业外部，还是企业内部，都应采取严密高效的团结合作模式。这是企业在激烈的市场竞争中得以存活和持续发展的根本所在，也是企业成员为实现个体成长所必须予以高度重视的模式。

三、多角度整合资源，吸纳客户加入企业建设中来

老子曰："治大国若烹小鲜。""烹"是刀工、火候、调料与厨艺等多个方面的整合。在商业经营过程中也应建立这样的思维模式，对各类资源实施高效整合，使之与企业或在企业内形成更和谐的关系，创造更大的效能。

1. 立足供给，科学整合资源，实现资源的有序配置

如果将企业的所有供给资源作为整合对象，那么企业可以采取三种整合模式。一是横向整合；二是纵向整合；三是平台整合。横向整合是指在整个行业产业链同一层面上获取资源并对其进行整合；纵向整合是指企业围绕整个价值链的上下游环节进行资源整合；平台整合是指企业借助一个大型平台将各类资源（产业链各层企业）进行分门别类的系统整合。

（1）横向整合

一般而言，企业很难掌控整条产业链，大部分企业都处于产业链中的某一环节，而横向整合很容易为其设计出高效的解决方案。目前，不少企业是以产业联盟的形式在协同发展，比如在一个产区或小区域中集合着众多经营同类产品的中小企业，各地的小商品批发市场、农贸商品批发城、玩具小镇等就是这种情况。其中很多地区是借助政府或行业协会的力量来组织协调，从而取得了横向整合的极佳效果。

（2）纵向整合

企业可以对最初的产品规划、原料采购，到生产制造、物流配送以及最后的批发与零售环节进行垂直方向的资源整合，即纵向整合。

一般情况下，对产业链的纵向整合可以通过三种途径实现：一是往产业链的上游拓展，以增强企业原材料控制能力；二是往产业链的下游拓展，以扩大企业生存空间；三是整合具有较高品牌价值的产品，以提升企业竞争优势。纵向整合到了极致状态便会形成一条全产业链。在此过程中，对于小企业而言，能否进入一条强大的产业链，并整合产业链上可以与之互相配套的优质资源为己用，是至关重要的；而对于龙头企业而言，纵向整合的重点则在于能够进一步增强自己的控制力和扩大话语权。

好孩子将美国顶级的百年老字号 Evenflo 收归旗下，同时全资并购德国顶级的年轻高端母婴品牌 Cybex，成功地打开国外市场，一举成为全球范围内的领袖企业，建立了婴童行业的领导品牌。这种产业链垂直整合模式，给好孩子带来了一系列好处：通过整合前端供应商，把握了更多的成本控制筹码；通过产品研发和品牌塑造，摆脱了对低端制造环节的依赖，增加了产品和企业附加价值；打破了外国品牌对定价策略的垄断，极大地增强了市场竞争力。

（3）平台整合

平台整合通常是围绕供需关系而建立的一套商业体系，在上游供应商与下游用户群之间建立起高效的互联，如同横向整合与纵向整合的混合体。

对于一个完整的平台，既应具备物理层次的流畅系统，实现流畅的产品交易；又应具备用户层次的情感系统，搭建完整的客户圈子，支持客户的所有情绪表达。通过二者结合来实现完美的用户体验，形成一个生态化的社区，让客户长久留存，不断地为企业贡献价值。

值得注意的是，尽管产业链整合的优势是不言而喻的，但是打造庞大的产业链也会给企业带来一系列弊端。比如，管理成本增加、利益关系纠

结、市场应变能力欠缺等。所以，为了实现有效的整合，企业必须从两个方面加以控制：第一，适合产业链整合的企业必须具有强有力的资金支持和抗风险能力，同时具有某一方面的显著优势，比如技术、资源或品牌优势；第二，资源整合的关键在于结成"利益共同体"，以共赢的心态，实现资源的有序、有效配置与系统集成，提高产业链整体竞争力。

2. 借互联网技术，将客户纳入管理范围，优化资源整合

除了面向企业供给侧进行资源整合之外，企业还可以对客户资源进行整合，与企业经营的各个环节（比如销售、生产、研发等）建立关联。

（1）让客户进入企业管理领域

近年来，部分企业通过互联网媒介，让客户参与到企业经营的各个环节中，这使客户不仅成为企业利润的创造者，还成为企业可切实使用的资源之一。

下面以客户与企业研发的关联与整合为例进行探讨。企业可以借助互联网来收集客户需求，进而使企业研发目标更具有针对性、使研发成果更适用；同时，也可以大大缩短研发周期。

在大数据时代，企业甚至可以"比客户自己还了解客户"。打开手机上的头条 App，我们会发现：每个人浏览的新闻或关注的方向都是不同的，而头条 App 会根据客户的点击内容和点击频率去发现客户的兴趣点，然后不断地推送客户感兴趣的内容。

在实体产品企业中也是如此，人们做出的研发决策越来越与大数据建立关联，而非仅凭借经验和直觉进行。很多爆款商品的出现，都是人们利用广泛获取的大数据、确认需求热点后设计出来的。无数互联网中小企业经营者每天盯紧京东、天猫平台上的产品销量排行榜，然后进行数据分析，紧密追踪市场需求的变化与发展趋势，力图在产品设计之初就确保产品符合市场消费需求。

（2）缩短研发周期

在这个快鱼吃慢鱼的时代，如果产品研发周期过长，会给企业带来巨大的损失。而互联网技术的有效引入，可以帮助企业大大缩短研发周期。

比如，PLM产品生命周期管理软件是一款典型的互联网技术软件，也是一种常用的产品研发管理软件和系统。这款软件可以利用整个企业的数据来进行研发，打通企业内部"部门墙"、打通上下游"信息壁垒"，通过统一的项目管控平台进行产品信息的系统汇总，可以说对研发工作的影响是非常大的。

此外，企业还可以在产品设计图生成后通过3D打印形成样品，以确认和评估产品基本功能。3D打印是依托互联网存在的一种快速成型技术，它以数字模型文件为基础，运用粉末状金属或塑料等可黏合材料，通过逐层打印来生成物体。通过这种方式打印出的产品只是在材料上与成品研发的产品有些许不同，在款式设计等方面与研发的产品几乎没有差别。这样一来，客户可以更快速地接触到产品，更早地形成产品体验，并将体验快速反馈给企业。

3. 广泛整合各类闲散资源，重新构建新型商业模式

如今，很多传统企业开始在互联网领域之外复制一种成本较低的价值创造模式，叫作"众包模式"。在这种模式下，企业不仅可以吸纳客户资源，还可以将社会闲散资源也纳入企业可发展资源范畴之内。

在众多闲散资源中，"广场舞大妈"得到了企业的极大关注。随着全国上下广场舞的兴起，"广场舞大妈"这一群体开始受到那些具有众包思维的企业的关注。在他们看来，大妈们大多已处于退休年龄或无固定工作，每天跳广场舞的目的不仅是健身，更是充实生活。而对于企业来说，提供众包工作机会，既能满足大妈们的需求，又能节省人力拓展工作开支，可谓一举两得。

　　最先认识到大妈们潜力的是京东集团。当时，京东推出了O2O产品——京东到家正式上线"众包物流"的新模式，该模式在京东内部被称作"京东众包"。京东众包是对京东到家业务的扩展和补充，它主要借助社会化的配送能力来为更多的消费者服务。因为大部分的O2O业务在线上完成支付之后，对线下服务的即时性要求很高，这就促使电商企业不断地通过创新来提升送货体验。当业务量急剧增长时，社会化力量就显得尤为重要。

　　5月初，京东开始通过新平台向社会公开招募北京、上海的众包物流配送员。年满18岁，会操作智能手机者，男女不限，皆可报名成为京东众包的兼职配送员；经培训通过后，即可上岗；抢单配送完毕之后，可以获得每单6元的报酬。

　　这个报名通道开放之后，短短几天之内报名人数便迅速上升到2000人。这个众包模式，不仅吸纳了"广场舞大妈"，还吸纳了家庭主妇、学生、公司白领等各类人员。

　　物流配送方面的实践示范，也给其他商业领域企业带来了启示，比如"懒到家"洗衣众包平台。

　　"懒到家"的整个服务流程是：客户通过客户端下单之后，众包快递员会上门取走衣物；随后，客户的衣物会经过专门的中转站，被送至与平台有合作关系的洗涤代工厂完成洗涤。"懒到家"的上游端并没有什么特别之处，其商业模式的独特之处主要体现在下游物流环节。

　　具体地说，"懒到家"在上海的业务范围内的各个小区分别设立了80多个衣物中转站。这些站点主要由便利店与洗衣店组成，每个中转站与家庭之间的最后1公里闭环则通过众包模式直接打通。在"懒到家"的众包模式之下，仍然是以"广场舞大妈"为快递主力来完成上门收取衣物的工作。一般而言，由6名大妈负责3公里范围内的家庭衣物收件工作，再将衣服送至中转站。

"懒到家"创始人李杰指出，发动每个中转站的大妈来取件，一方面可以解决公司快递员数量不足的问题，另一方面也可以节省洗衣时间，使得衣物清洗业务流程工作加速进行，由此打造出"懒到家"的一种竞争优势。

可以说，这些丰富的资源整合模式，为企业与同行业经营者、社会大众之间创造了更多关联机会，更充分地拓展了各方资源的价值空间。对企业与社会来说，无疑是双赢的。

四、敢于跨界思考，推进跨界融合，打造系统生态环境

从商业经营界限角度来说，资源整合大多是立足于核心经营领域而推进的。随着时代的发展，部分企业开始探索"跨界"式融合模式，以此突破企业现有的边界和盲区，打造出更广泛的系统生态环境。

1. 善用跨界思维和技术，选择最适宜的跨界领域

跨界不是目的，而是结果。跨界是指企业从一个领域进入另一个领域。这需要企业在面向某个不同领域时，能够从自身所处的那个领域中抽离出来，然后借助"自我"和"他者"的交叉点，创造性地在交叉点处发展出一种新型业态。

（1）以创造性革新方法思考跨界方式

跨界是一种思维的创造性革新，往往需要思想观念的转变和思维的发散。

滴滴出行作为国内打车软件的代表，是由小桔科技开发出来的。作为一家互联网科技公司，小桔科技顺应和利用互联网优势，将手机软件与出租车行业整合在一起，不仅给人们的出行带来很多便利，还成功地从传统出租车行业中创造出一个新型业态来。这便是跨界思维的创造性革新。

（2）以跨界技术驱动跨界实践

跨界既要靠人们的思维创新，也要靠一定的技术手段，有时甚至是高端技术。

百度在无人驾驶方面的研发尝试，即利用百度大数据、地图、人工智能和百度大脑等一系列的技术，并将其应用到汽车生产中，试图在未来改变人工的汽车驾驶方式。2018 年 2 月 15 日，百度 Apollo 无人车亮相央视春晚，在港珠澳大桥开跑，并在无人驾驶模式下完成"8"字交叉跑的高难度动作。2020 年年初，百度开始实施规模化无人驾驶公交车应用场景驾驶，并培育自动驾驶大数据服务产业相关内容。

可以说，跨界可以广泛地存在于各个领域之中，只要善于运用跨界思维和技术手段，那么企业便可以实现在具有较大发展空间或者符合未来发展趋势的行业成功地完成跨界。

2. 找准跨界的交叉点，推进不同领域的边界融合

从概念上来说，跨界是从一个领域跨至另一个领域，这便意味着其间必然存在着一个交叉点。这个交叉点绝不是决策者随意选择的，而应当是一个既适合企业同时又能促进两个领域发展的高度匹配的关联点。

（1）依托企业原有核心能力，衍生新的业务领域

在选择交叉点时，企业必须立足于某个行业，通过整合跨界资源来推动产品或模式的创新。也就是说，企业在跨界前自身必须具备支撑完成跨界动作的核心能力。

日本一家经营百年的传统磨刀石企业，选择的跨界领域是为佳能相机加工镜头。该企业之所以选择这个交叉点，是因为镜头与菜刀存在一个共同属性，即它们都需要"磨"。而对于加工镜头这样的精细业务，这家磨刀石企业是敢做且能做的，这是因为它具备"精磨"的核心能力。

（2）明确客户的新需求，与原业务领域建立交叉点

这种方法是通过确认客户新需求，来筛选跨界交叉点，非常便于企业在较短的时间内实现精准定位。

以服装行业推进跨界行动为例，美特斯·邦威（服装品牌）和英雄互娱（游戏公司）曾进行过跨界合作。美特斯·邦威为英雄互娱的《全民枪战》《冒险与挖矿》《像三国》等游戏定制及销售服饰，而英雄互娱则给美特斯·邦威邦提供游戏植入，进行品牌推广，等等。实际上，二者的跨界合作是基于双方存在的利益交叉点确定的：双方的客户属性具有高度重合点。具体表现在：英雄互娱开发的游戏拥有极广的忠实玩家，这些玩家对正版游戏的周边需求极高，且这些玩家偏向年轻人，这与美特斯·邦威的消费人群是较为重合的。

在商业实践中，一些行业可能看起来消费势头日渐衰微；但如果能够依托其原核心能力，摸准客户的潜在需求，设定新的行业交叉点、实施跨界操作，那么很可能创造出新的业绩增长机会。

3. 在交叉关系中开辟新业态，开拓企业的发展新格局

从本质上讲，所有的跨界行为都是为了开辟一种新业态。而在这种交叉关系下衍生出的新业态，会让企业从一个熟悉的领域转向一个相对陌生但更有前景的领域，其发展格局被进一步拓展开来。

无印良品（MUJI），一个日本的日用杂货品牌，近年跨界开展了酒店经营，很多客人给出了极高的入住体验评价。这对无印良品的品牌做了一次极好的推广。

为什么无印良品可以跨界到酒店经营？有数据称，无印良品的总产品

数已经超过 7000 种，而如此繁多的产品种类是很难在一个店面里完整展示的。但是，无印良品却另辟蹊径地利用酒店这样的实景空间，将酒店所有可能的应用场景都围绕无印良品自身的产品进行了设计和填充，如酒店房间里使用的床上用品、浴室卫生用品、热水壶等小家电，以及灯具、家具、窗帘、收纳用品，等等。通过这样的体验式展示，客人可以更好地理解无印良品产品的功能特性和使用场景。

由此来看，无印良品的跨界动机非常明确，就是要将客人的入住行为与对无印良品产品的场景体验相结合，甚至直接引发消费。当然，无印良品不是凭一己之力进行酒店跨界行为，而是选择与地产开发商跨界合作。在具体操作中，由无印良品提供商标、设计和相关产品，而地产开发商则负责实际运营和管理。

在当今互联网大潮的催生下，各种新的业务形态不断涌现。企业管理者要学会把握自己的核心能力，在此基础上以更多巧思进行更有价值的延伸行动，找到合适的行业交叉点，进而为企业创造新业态，寻求更多发展机会和成长空间。

第五章
以创新思维推进企业发展，
打造独特的商业优势

在过去供小于求的时代，企业只要能够紧紧跟随领先者的脚步，就能捞来一大桶金——快速复制力是企业的最大商业优势。然而，随着时代的变化和市场的发展，客户的需求越来越多样化，他们希望看到企业供给更多与众不同的商品。这便使得过去那种随波逐流式的经营模式完全无法带领企业获得市场机会和实现长远发展。

今时今日，企业必须秉持创新思维，多角度、全方位地推进企业创新，在研发、经营与管控等多层面积极实践，为企业打造独特的商业优势，并确保商业优势的持续升级。

一、聚焦创新思维，以创新为企业打上闪亮标签

企业要想保持自己的优势，离不开不断的创新。从创新的过程来说，创新最初以观念创新为源头，最终以实践的结果来检验创新的可行性，进而持续实现创新升级。

1. 杜绝简单模仿，卸去企业长期发展的桎梏

一个企业的创新发展到何种状态，直接影响着企业发展的层次。简单地说，一个巧复制、轻创新的企业让自己成为行业跟随者，而一个追求高质量创新的经营者，则会全力推动企业成为行业领先者。

为了安全，部分企业会在某些领域采用产品模仿模式。腾讯公司控股董事会主席兼首席执行官马化腾曾言："模仿是最稳妥的创新。"这一创新程度的定位直接影响着腾讯公司的业务决策，其不少业务皆从模仿衍生而来。有人将腾讯业务与其他企业的业务进行了对比，如图 5-1 所示。

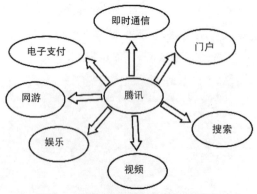

图5-1　网传的腾讯业务创新关联图

毫无疑问，这种业务模式的确为腾讯减少了创新风险，节约了创新运作的资金；但是，同时也影响了公众对腾讯的形象定位，有人甚至戏谑地称腾讯为"抄王之王"。

可以说，倘若企业仅限于简单的模仿，便会使自己永远只是踩在先行者的脚印上，邯郸学步般地缓慢跟进，自然难以拥有突出的企业表现。

美国团购网站 Groupon 网（高朋网）一度被中国团购网站视为标杆团购网站。通过"低买高卖，赚取差价"的方式，Groupon 网在上线当年实现盈利 5000 万美元。在互联网行业中，这无疑是个奇迹，一些媒体甚至用"史上最疯狂""史上增长最快"等词来评价其商业运作模式。

Groupon 网的疯狂业绩，迅速点燃了人们的热情。2010 年年初，中国第一家团购网站模仿 Groupon 网的运作形式正式上线。此后，团购网站纷纷涌现。至 2011 年 8 月，中国团购网站的数量已经超过 5000 家。除了新生的团购网站外，甚至连新浪、腾讯、人人网等平台型互联网公司也开始涉足团购业务……一时间，"团购"几乎已成为所有互联网公司的标配功能。人们形象地将团购网站之间的竞争戏称为"千团大战"。整个互联网行业似乎都在期待自己能够成功复制 Groupon 网的高利润神话。

然而，据一淘网的监测数据显示，2011 年 9 月，有超过 8% 的团购网站在 30 天内没有更新任何商品，至少有 400 家中小型团购网站因各种原因改版或倒闭。另据第三方团购导航网站领团网的统计，团购网站关闭数量高达 419 家，截至 9 月底，在全国范围内有 1027 家团购网站在激烈的竞争中关闭、退出国内团购市场。

可见，简单的、机械的模仿永远无法成为企业制胜法宝。特别是当市场发展到一定阶段时，更会呈现出一种非常危险的形势。

而在这个变化迅速的时代，永远没有现成的模式可供依循。如果始终沿用老一套的做法，一味地照搬、模仿，那么企业将难以继续生存下去。因此，企业必须具备创新思维，在这种思维的推动下突破现状，最终才能立于不败之地。

2. 坚持创新理念，推进商业群体向前发展

华为创始人任正非曾强调："没有创新，要在高科技行业中生存下去几乎是不可能的。在这个领域，没有喘气的机会，哪怕只落后一点点，都意味着逐渐死亡。"在这种创新理念下，华为极度推崇创新，并致力于创新的多样化实践，由此使自身从一个弱小的、没有任何背景支持的民营企业快速地成长、扩张为全球通信行业的领导者。

格力前董事长朱江洪这样说道："一个没有创新的企业，是一个没有灵魂的企业；一个没有精品的企业，是一个丑陋的企业。"这种对高质量创新的认知，促使企业经营者对创新给予了高度的重视并有着严格的要求。在空调发展的百年历史中，美日两国垄断着大部分核心技术，这使得其他空调企业的市场发展空间非常狭小，更经不起市场竞争的冲击。在这样的环境下，朱江洪深知：要想获得先进的技术，不能靠别人施舍，而必须通过自主创新。如今，格力已拥有 5 个研究院，这在传统制造业公司中几乎是难以做到的。

董明珠说："我们不是以企业利益为导向去做产品开发，而是真正体验了消费者想要的东西，消费者的内心需求就是我们要开发的产品。"比如，格力将双级压缩机优势技术应用于冰冻冷藏领域，其研发的光伏中央空调可以为客户节省更多能源和电费，等等。格力的创新行为，使之在家电市场上占据了半壁江山。2018 年，格力电器营业总收入超过 2000 亿元。

随着互联网的发展，各类企业之间的竞争日益激烈，即便是淘宝、京东、拼多多等大型平台企业也都在不断地寻找新的模式，为提升消费者的

购物体验而潜心研究创新之道。可以说，人们正在深度研究创新与商业经营之间的紧密关联，同时以切实有效的实践推动现代商业经营群体持续向前发展。

3. 从技术输出转向方案输出，实现创新多样化

当然，创新也是在日新月异地变化着。过去，企业选择的创新主要表现为产品技术创新；如今，企业在创新方面的探索与实践日益多样化。比如，华为曾在经营策略上做出一次重大转变——从单品技术的创新转向解决方案输出的创新。为什么华为决定做出这样的转变呢？

华为在海外市场拓展过程中发现：对于很多大客户特别是欧美等发达国家的客户，他们最关注的不是产品的功能或价格，而是设备供应商的综合实力。也就是说，这些大客户希望企业能够在产品设计、生产、交付、安装、服务的整个过程中都能为其提供系统解决方案。

华为中标德国电信运营商 QSC 的 NGN 项目之后，QSC 的总工程师公开解释了华为中标的原因："以提供全面的商业通信解决方案而著称的 QSC，将为客户提供更加丰富、便捷和经济的通信服务。华为公司快速响应客户需求的能力和出色的技术创新能力让人印象深刻，其'端到端'的解决方案满足了客户的需求。"

事实上，几乎全球的电信运营商都在担心一个问题：他们采购设备之后的数年中，是否会出现因供应商破产倒闭或服务能力有限，而导致设备升级、维护困难的情况发生？因此，每一个电信运营商在购买设备时，都会重点考察设备供应商的资质情况。任正非在 2010 年 PSST 体系干部大会上的讲话中指出："我们现在提的无线解决方案、网络解决方案，其实都是以自己为中心，不是以客户为中心。客户需要的是一个综合解决方案，它可以是华为做得好的东西，也可以是华为从外面买进来的东西，只要能满足客户需求。因

此，公司提出了运营商解决方案、企业解决方案和消费者解决方案概念。"

事实上，面向客户的切实需求，积极实施业务管理模式创新与变革，IBM公司在这方面的实践要远远早于华为。

在很长一段时间里，IBM公司是以销售各类计算机主机为主要业务的；但在20世纪90年代初期，IBM遭遇了严重的经营危机，连续3年亏损，亏损金额高达160亿美元。而IBM公司内部的庞大行政管理体系也使其丧失了对市场的敏锐把控和响应能力。IBM公司不得不于1993年从企业外邀请到郭士纳，由其出任IBM的CEO。

当时，郭士纳发现了一种市场现象：客户期望能把市场上不同功能的产品整合起来，以进行有效利用。于是，他决定开启企业转型之路。自此，IBM公司开始从提供单品和服务转为向全球知名企业提供大规模和高质量的整体解决方案。

经过业务模式的创新与变革，IBM公司赢得了许多重要客户的服务合同。比如，为宝洁公司提供为期10年的全球性服务协议，为近80个国家的宝洁分公司提供整体性的员工管理服务。再如，为华为提供综合性解决方案，帮助其建立IPD管理流程等。如今，为客户提供整体解决方案已成为IBM营收的重要来源。

在20世纪90年代，PC行业的利润尚丰厚可观，但是郭士纳却在那时预见到了未来——单品销售模式终将式微，新的销售模式必将崛起，由此组织企业进行了软件开发和制订服务解决方案的业务转型工作。

作为IBM的学生，华为也逐渐在激烈的市场竞争中认识到了这一点。经过多年的持续发展，华为已经从技术导向转变为客户需求导向，从最初的单纯关注产品转变为提供整套解决方案，从"追求企业自身发展"转变为"助力客户实现商业成功"。这是一种针对业务模式的前瞻性判断与理性创新。时至今日，华为的综合解决方案也在随着技术发展而与时俱进。华为自 2009 年着手 5G 研究，其产品和解决方案聚焦运营商站点选址、频谱重耕、建设投资、运维成本等实际困难，实现了很多创新和优化。截至 2019 年 9 月，华为已在全球 30 个国家获得了 50 个 5G 商用合同，5G 基站发货量超过 20 万个。

综观全球，企业战略合作已经越来越关注解决方案的设计，而不再简单地聚焦于某种具体的产品或技术。所以，以华为为代表的诸多企业，在创新实践中从过去的单品创新、技术创新，转为"为客户提供针对性的综合解决方案"，并将二者有机结合。关于这一判断与业务模式创新的实践，我们已经可以看到很多成功的例证。

二、把控创新程度，避免过度创新，保证商业实现

从企业经营角度来说，如何把控创新程度？如何让关于创新的设想得以落地？如何让企业持续成功，即便在遭遇极端困难的条件下仍能傲然站立？这是商业经营者必须慎重思考的三个问题。在本节里，我们先来探讨第一个问题：创新程度的把握。

为了在市场上取得领先地位，抢占更多的市场份额，任正非要求华为人每时每刻都要思考新技术的开发问题，提升企业的核心竞争力。不过，在华为，创新行为并未随意而为——创新必须保持恰当的程度。

1. 针对现实需求，避免因过度创新而陷入败局

技术创新是企业发展的核心动力，但当技术创新远远领先于客户实际需求时，它不仅很难给企业带来价值，反而会造成极大的负担。对此，华为总裁任正非曾这样说道："超前太多的技术，当然也是人类的瑰宝，但必须牺牲自己来完成。IT泡沫般破灭的事件使世界损失了20万亿美元的财富。从统计分析可以看出，几乎100%的公司并不是因为技术不先进而死掉的，而是因为技术先进到别人还没有对它完全认识和认可，以至于没有人来买，产品卖不出去却消耗了大量的人力、物力、财力，丧失了竞争力。许多领导世界潮流的技术，虽然是万米赛跑的领导者，却不一定是赢家，反而为'清洗盐碱地'和推广新技术付出大量的成本。但是企业没有先进技术也不行。"

在华为，人们奉行着一套特别的产品技术创新战略理念：保持技术领先，但只能是领先竞争对手半步；杜绝领先三步，以免自己成为创新的"先烈"。华为这套创新战略思想并非凭空设计出来的，而是从早期创新失败的教训中总结得出的。

1998 年，华为在中国联通的 CDMA 项目招标中落选，这对当时的华为来说是一次重大的打击。后来，华为内部就此项目招标过程进行了检讨和分析。当时，市场公认的 3G 产品存在两个版本——IS95 版和 IS2000 版。如果将二者进行比较，前者的技术相对成熟，而后者采用的是新技术。华为的战略分析认为，IS95 版属于过渡产品，市场最终要向 IS2000 版过渡，而且这一版本还可以兼容 IS95 版。于是，华为投入大量资源来研发 IS2000版。然而，在实施项目招标时，联通考虑到 IS2000 版是新研发出来的版本，担心其性能不够稳定；而 IS95 版的版本虽然老，但可以确保系统运营的稳定性。在这样的综合考量与系统权衡下，联通选择了 IS95 版。

华为此次项目之所以招标失利，归根结底在于其未考虑客户当时的需求，而进行了在市场上略显超前的技术创新。事实上，从企业经营与服务客户的角度来看，企业的绝大部分创新行为应该是一种在恰当地满足客户需求的基础上进行的持续革新的活动——这样客户才会为之买单，企业才能获得市场收益、取得继续存活的可能。

以华为为鉴，任何企业都应端正对创新程度的认知，在实践中把握好创新的尺度，甚至可以考虑是否能在继承已有经验智慧的基础上做一定程度的优化。而且，在创新时要聚焦于某一点，以免企业的投入因发散而乏力。

2. 以市场需求、企业承受力和预期收益，判断创新适度性

一般而言，对于创新程度的把握并无一定之规，它可以是微创新，也

可以是颠覆式创新。但是，它们并非判断适度与过度的标尺。创新的适度与否，其评估标尺在于市场需求、企业承受力和预期收益。

（1）市场需求

如果市场接受某一产品，但希望其在某些性能方面有所优化，此时企业进行微小的创新即可。此时，如果企业做出新不如旧的事物，则属于过度创新；如果一味追求"与过去不同"的创新，也属于过度创新。但是，当市场对过去的产品模式感到厌倦时，企业则需要进行一种颠覆过去产品模式的创新，这便属于适度创新。

（2）企业承受力

企业承受力是指企业在资源、人力、创新时间周期等方面是否可控。如果创新可能造成其中任何一方面失控，进而给企业造成难以承受的损失，那么这种创新便属于一种过度创新。

（3）预期收益

当创新成为企业经营的主要元素时，预期收益是经营者必须考虑的问题。因为，预期收益是企业得以生存和运转的重要元素和资源。如果创新无法在预定周期内实现预期收益，那么这种创新也是经营者需要慎重考虑的对象。

企业经营者应认识到：创新之于企业的意义越重要，那么过度创新造成的问题就会越突出、越严峻。故而，企业必须在创新过程中竭力避免过度创新，掌控好创新的力度，拿捏好创新的分寸。这是创新的难点，也是创新的重点。

3. 继承已有智慧经验，选择恰当的创新方案

继承已有智慧经验，是企业创新的胜利之法。这种"继承"主要来自两个方面，一是对本企业进行智慧经验的继承；二是从外部进行智慧经验的继承。

（1）对本企业智慧经验的继承

很多企业采用了"微创新"战术。所谓"微创新"，是一种围绕客户的精微需求和体验满足感的提升而实施的渐进式创新模式。在互联网行业中，通过微创新形式为企业开启新型商业模式的不乏其例。

在华为，微创新并非新名词。2004 年，华为的网络设备领域在荷兰实现了零的突破。这是因为，华为为了解决客户需求问题而在原有基站塔上安装了 3G 基站的"微创新"。甚至，华为当时提供的整个移动终端业务，都等同于是为了满足客户欧洲运营商 3G 数据业务普及需要而专门发展出来的。正如任正非所言："创新不是推翻重来，而是在全面继承的基础上不断优化。"他还特别指出："华为公司拥有的资源你至少要利用到 70% 才算创新。"华为创新行为控制之有力程度，由此可见一斑。

（2）从外部进行智慧经验的继承

部分企业因自身技术能力有限，不能全部凭借自主研发来进行技术创新，否则会导致市场机会迅速丧失。此时，企业便可以采用直接购买技术的方式，缩短与先进企业之间的差距，并在此基础上培养企业的商业领先优势，提升本企业的竞争力。

华为创立早期，曾一度选择"拿来主义"进行创新。任正非说："迄今为止（2005 年），华为没有一项原创性的产品发明，主要是在西方公司成果上进行一些产品功能、特性方面的改进和集成能力的提升，更多的是表现在工程设计、工程实现方面的技术进步，与国外竞争对手几十年甚至上百年的积累相比还存在很大的差距；对于我们所缺少的核心技术，华为都会通过购买和支付专利许可费的方式，实现产品的国际市场准入，并在竞争

的市场上逐步求得生存，这比自己绕开这些专利采取其他方法实现，成本要低得多。由于我们支付费用，也实现了与西方公司的和平相处。"

需要注意的是，一些企业因创新的成本高、周期长，而选择直接剽窃别人的技术，为自己快速谋求短期利益。这种行为不仅会导致侵犯技术专利的处罚，还会导致企业声誉受损，难以在市场上立足。这里特别提醒企业经营者，切忌目光短浅，因小利而失大义。

三、摆脱粗放状态，创造极致产品，引爆市场销售端

在传统工业时代，企业可以通过粗放型发展不断扩大规模和开拓市场，但在移动互联网时代，粗放型、铺大摊子的发展方式则完全失效，甚至可以坚定地认为，在未来，那些延续传统粗放状态经营的企业必将失去方向，甚至烟消云散；能够存活下来的企业大多具有一个共同的品质：遵照极致法则。

1. 企业缺少极致力，势必难以成就市场竞争力

无论是对于一个人来说，还是对于一个企业来说，随波逐流无疑是最舒适的模式；但是，最舒适并不能带来最优秀、最强大，反而可能使之一步步走向败亡。这绝非危言耸听，很多企业的发展过程事例都印证了这一点。

以凡客为例。2007—2011 年，凡客发展迅速；2011 年，凡客融资 2.3 亿美元，估值高达 50 亿美元。随着凡客的不断发展，总裁陈年的野心也越来越大：他将凡客的销售目标提升至 100 亿美元，甚至提出了希望收购 LV、使匡威的鞋子只卖 50 元。在凡客最热闹的时候，公司有 1.3 万多名员工，光是总裁级的领导就有三四十人。

在 2011 年夏天之前，凡客的现金流和用户重复购买率方面都没有问题，也没有出现过库存积压的问题；恰恰相反，一些主打产品常常供不应求。为了达到销售额 100 亿美元的目标，凡客扩展经营了一些小家电、饰

品甚至家居用品等产品。一时间，只做衬衫、西裤、羽绒服和帆布鞋的凡客，突然之间变成了一个大型百货市场。

这只是导致凡客没落的一部分原因。2011年互联网广告价格因为团购炒作而大幅上涨，凡客决定暂不投放广告，等待广告价位回归。但是，团购淡出之后，苏宁易购和亚马逊中国突然发力，使得广告市场的价格再一次提升。而广告的暂停投放，导致凡客的销售量大大下降。为了清库存，凡客不得不以超低价甩卖商品。

然而，这并没有解决问题，2011年传统服饰的库存危机开始出现，聚划算和唯品会强势登场。在这两个品牌的冲击下，强调性价比的凡客逐步陷入了危机，产品的库存越来越多，忠诚客户的数量锐减，销售额持续下降。

可以说，凡客最初的火爆是因其产品低价优势，但是当客户需求转为追求精品时，凡客却不能拿出一款极致的基础单品。虽然凡客后来重新进行了经营规划，但时机不等人，凡客的优势日趋减小，从火爆迅速走向了没落。

无独有偶。HTC（宏达国际电子股份有限公司）是一家位于中国台湾的手机与平板电脑制造商，曾是世界上第一台Android手机的制造商、全球最大的智能手机代工和生产厂商。HTC的每一款产品都是以旗舰机的标准宣传的；但是，其每款机器都沦为机海战术中的一员，缺少身为"旗舰机"的典型特质，其品牌美誉度也因此日趋降低。2019年5月，HTC在京东与天猫的旗舰店宣布关闭。

事实上，HTC和凡客有一点是非常相似的。它们的没落与其缺少极致产品有很大关系——因缺少极致产品，企业进入市场后难以产生巨大的震撼力和冲击力，自然难以吸引客户的眼球，也难以占据更大的市场份额。

2. 以极致创造惊喜，增加更多市场销售的契机

任何企业都应坚持极致原则做产品，集中当下的所有资源，输出一款极致的产品或者一款极致的服务。只有这样，才能为客户带来惊喜，满足客户越来越高的、多样化的要求，从而引爆销售端，赢得更高的市场份额和更多的客户认可。

（1）极致的表现之一：产品的高性价比

所谓极致，是指用最好的原料、最低的成本，打造出最高性价比的产品，使得对手无路可走，从而将客户全部吸引到自己的市场中。但是，企业要想做到极致并非易事，它需要企业付出更多的时间和精力。

小米成功遵行的七字诀中，有一个词便是：极致。小米旗下的紫米科技专门生产移动电源，这家公司的移动电源采用最好的原件，能制作出铝合金的外壳，能通 10400 毫安的电。同等配置的产品在市场上卖两三百元，而小米电源仅仅卖 69 元。这款极致的产品一上市就使市场轰动，在销量最高的一个月卖掉了 300 万个，光是营业额就能够突破 10 亿元，而当时的小米公司仅有四五十名员工。

可见，在市场信息日趋透明化的时代形势下，企业必须在产品质量、功能、价格等方面做到极致状态，才能让产品获得引爆销售端的机会，才有可能在商业发展上实现指数级增长。

（2）极致的表现之二：输出高于用户预期水平

当客户曾经有过企业产品购买或服务体验之后，企业若想持续获得其

"芳心"，就需要再次创造能超过其已有体验和预期水平的新输出。而要想超出客户的预期，必须先行把握客户的预期，然后再去打造超体验的产品或服务。

以餐厅体验设计为例，如果人们选择普通餐厅，可能仅仅填饱了肚子，并无特别感受——在这种情况下，人们的感受大体是无差别的。但是，在选择海底捞等餐厅时，餐厅在人们等位时提供了免费的美甲、擦鞋、洗眼镜等服务，人们所获得的体验是非常舒适的。这便使得人们在同等的消费条件下，更愿意选择去海底捞这样的餐厅就餐。

再如酒店服务设计。如果酒店提供的饮料是要收费的，且售价高于超市售价数倍，但却提供免费的矿泉水，或者在炎热的夏天为客户提供两瓶免费的冰镇纯净水……这种微小的改变都可能为客户创造超预期的体验。

可以说，只有当企业将客户体验当成核心目标，能够用极致的法则打造高于用户预期体验水平的产品或服务，才能真正赢得客户的好感，进而创造出更大量级的销售业绩。

3. 以追求极致的实践行为，完成极致的创新型输出

海尔集团总裁张瑞敏曾经反思说："移动互联网带来的最大的问题是什么？带来的改变是什么？就是去中心化，以前生产商是中心，今天，用户才是中心。谁为用户提供了极致的体验，用户就认同谁、相信谁、支持谁。没有极致的产品，就没有极致的用户体验，这句话说起来不过三言两语，做起来却太难。"虽然很难，但凡是追求成功的企业，都必须做到这一点。

在小米公司创业之初，雷军为小米定下了基本发展路线：用移动互联网法则做手机，并做到极致。为了使小米手机做到极致，在当时普遍使用单核处理器的情况下，小米1选择了双核1.5G处理器，并且选择了全球最好的合作商来打造这款手机。

即便是在壁纸选择上，小米公司也以近乎苛刻的态度做到了极致。当时小米对壁纸的要求是：放在锁屏中显得美观，与图标不冲突，细节突出，意义明确，并且要确保90%以上的用户都喜欢。小米工作团队为此专门设计图片搜索软件，面向广大网民广泛征集精美图片，并由设计师亲自画壁纸，而且小米再次发出征集令：谁能够做出比设计师们画的壁纸更加美观且符合条件的壁纸，将获得百万奖金。最终，一位昵称"左左"的参赛者，以一幅名为"山水楼"的作品，成为小米的百万赢家。

除了在产品功能研发方面追求极致之外，小米在成本与售价控制上也追求极致。当时手机售价普遍三五千元，而小米的定价仅为1999元，此举使得大量小米用户转变为小米的忠实粉丝，并给竞争对手带来极大的压力。

时至今日，小米手机已经研发至小米10系列，其追求极致的原则始终未变。2020年2月，小米10作为5G时代开启后的第一款旗舰手机上市，用户评价称"其性能和颜值皆无可挑剔，且性价比非常高"，因此吸引了众多的用户抢购，并再次提高了小米的热度。

小米创始人雷军曾说："极致就是把自己逼疯，把别人逼死。"从小米产品开发与推广的历史，我们可以明显看出小米公司对极致原则的遵行，他们在产品打造方面花费了极大的精力和保持了极大的耐心。而好的产品必然带有自发光属性，并如磁铁一般吸住用户。

可以说，没有极致的产品，就没有极致的体验，用户对企业的忠诚度自然难以建立起来。因此，对于企业来说，必须秉持极致原则，致力极致输出，营造极致体验，这样才能形成绝对的商业优势。

四、设想极端条件，将意外转为机会，夯实创新力量

安利事业创始人之一理查·狄维士曾这样说过："如果我们永远不能自立，我们将永远不能摆脱贫困。只有自立，才能拯救自己。"企业也是如此，唯有实现自强自立，打造出区别于其他企业的核心竞争力，才能在行业竞技场上与竞争者们一较高下。

1. 面向极端条件，设定创新目标，规避不创新的风险

在当前全球经济一体化的趋势下，创新被企业视为生存之根本、发展之动力。而企业在创新时还应认识到一点，即必须始终坚持自主创新，才能打造出企业面向全球市场的硬核竞争力。

华为在初期创业时的主营业务是代理香港的 HAX 交换机，自身并未掌握任何核心技术。而当时外国竞争对手的竞争优势非常明显，这使得华为在市场上的处境非常艰难。任正非说："外国人到中国是为赚钱来的，他们不会把核心技术教给中国人，而指望我们引进、引进、再引进，企业始终没有独立。以市场换技术，市场丢光了，却没有哪样技术被真正掌握。我国引进了很多工业，却为什么没有形成自己的产业呢？原因在于关键核心技术不在自己手里。企业应掌握核心，开放周边，使企业既能快速成长，又不受制于人。"任正非认识到了核心技术的重要性，也坚定了他对于"以技术寻求企业自强自立"的信念。

为了开发出自己的核心技术，华为在产品技术研发方面投入大笔资金，

甚至将"按销售额的 10% 拨付研发经费"写入了 1988 年出台的《华为基本法》中。1992 年，任正非先后将 1 亿元人民币投入数字交换机的研制领域中去。至 1994 年，华为推出 C&C08 交换机，自此奠定了自己在国内通信市场的技术领先地位。

对于华为这类科技型企业来说，技术创新是一条漫长的道路。华为始终未曾对创新有所松懈，因为他们深刻体会到"不创新，就灭亡"的残酷性。华为硬是用自己的双手"刨开"了一条血淋淋的道路。

比如，已经过去的 2019 年，可谓是华为发展史上险象环生的一年。受美国贸易禁令的影响，华为在海外市场上遭遇了严重的冲击。然而，在这样极度黑暗的时刻，华为却宣布其曾经打造的"备胎"技术与器件"转正"，确保了华为能够兑现为客户持续服务的承诺。

在很早以前，人们习惯于把创新视为一种冒险的行为，而从发生在华为的现实事例来看，不创新才是企业真正的、最大的风险。是华为所坚持的自主创新使之在遇到暴力冲击时，有足够的底气与能力去披荆斩棘"放大招"。对于科技创新型企业来说，是创新为其带来了新生与可持续发展。

2. 敢于拥抱意外，快速反应，将意外转变为创新的机会

很多时候，企业难以预测未来可能发生的事情，也就是说，意外随时可能发生。此时，企业不能固执地将其视为一种反常的现象而加以拒绝，也不能过分地深究意外背后的真正含义；而要摒除一切先入为主的想法，主动地拥抱意外情况，让意外转化成为取之不尽的创新源泉。

20 世纪 50 年代，梅西百货公司是当时纽约最大的百货公司，该公司领导层在看到家电销售利润高于时装时，将其视作一种极度反常、不可理解的现象。于是梅西百货公司采取了抑制家电销售业务的做法，试图让时装

销售业务回到原有水平。而另一家纽约零售商店布卢明代尔公司却认为这次意外事件将是一次非常好的机会。在进行系统分析后，该公司迎合电器销售意外增长的征兆，重新调整了家电和时装销售的重点。

事实证明，拒绝意外情况，让梅西公司在以后 20 年的经营生涯中每况愈下；而接受意外情况，却让布卢明代尔公司从不惹眼的位置迅速坐上了纽约零售市场的第二把交椅。值得一提的是，梅西公司后来也意识到了这种意外的合理性。在接受家电销售利润超过时装的事实后，梅西公司重新调整经营重点，获得了再度繁荣。而其他始终不愿意接受改变的同类公司，如当时排名第二的贝斯特公司则彻底消失了。这给了企业一个启示：企业领导者需要对各种意外情况予以足够的重视，需要能够正视意外情况的发生；唯有转变态度，视意外情况为创新机遇，企业才能借此真正创造出一次新的机会。

在实践中，企业可以建立起一套有助于发现意外和利用意外的有效机制，使意外能够被尽早发现、引起足够的关注，从而采取积极有效的应对措施。事实上，企业对每一次的意外有多用心，其开展的创新行为就会有多大成效。

3. 针对企业能力与企业发展趋势，规划适宜的创新组织

打造创新研究的组织模式，是企业获得创新能力并快速成长的较好方式。这些研究组织的研究成果将为企业创新实践提供持续的动力。一般而言，企业研究组织的创新模式有两种表现形式：一种表现形式是创客模式；另一种表现形式是创新组织规模化。

互联网时代的创新不再仅限于以大公司为主体的自上而下的模式，个体也可以成为创新行为的发起者，甚至可能成为大公司产品的重新缔造者。

　　海尔认为"人人都是创客"，比如3个"85后"创业做了雷神游戏本电脑，在海尔投资的同时还引进了风投，如今已经成为一家独立的公司。而雷神游戏本的诞生，实际上便是创客模式的最佳写照。当时，这3个"85后"年轻人在市场上发现，玩家对游戏笔记本的不满和抱怨非常多，他们看了3万多条抱怨之后，总结归纳为十几条。随后，这3个普通的年轻人决定出来创业。他们并不用亲自制造，而是由台湾的定制厂家、外包厂家来负责制造。他们负责提出要求，更确切地说是网民提出要求。2013年他们刚刚开始做，如今他们的公司已经做到全国游戏笔记本行业第一。

　　目前，企业研究组织的发展趋势是规模化发展。因为，规模化组织会使企业和个人不会拘泥于一个点上，而能实现多方面的创新。比如西门子便已经形成了规模化研究创新组织。

　　多年来，西门子几乎被人们视为科技创新的代名词。在西门子的创新纪念碑上，镌刻着无数划时代的发明，比如指针式电报机、发电机、第一辆电力机车、高纯硅，等等。那么，是什么力量支撑着西门子的持续创新呢？西门子回答称，是将创新的驱动真正落实到具体的研究组织体系中。至于在怎样建立规模化组织的议题上，西门子采取的路径与方法是：在保留各分公司的研发机构的基础上，在母公司成立一批更高级别的研发中心，然后由每个中心承担某一领域的基础研究工作，再将研究成果提供给各分公司的部门进行使用。

　　时至今日，规模化创新型组织实践已经被越来越多的企业看好，像西门子公司这样将研究机构设遍全球的企业越来越多。它们通过建立全球化的创新组织，使企业既保证了产品的普遍适用性，又在很大程度上降低了企业创新的成本投入，这也构成了企业长期保持旺盛活力的一种核心能力。

第六章
夯实品牌，强势营销，
圈出自己的一席之地

　　品牌代表着企业在某一个行业之中不可撼动的地位与优势，也是企业的至高荣誉。比如，在人们的传统印象中，阿里巴巴的标签是电子商务，格力的标签是空调。虽然每个企业都覆盖了多项业务领域，但是最核心的标签却在人们头脑中形成了深刻印象，在需求出现时自动做出选择。

　　而品牌的有效建立，需要企业锁定对自身的定位，让自身品牌内涵更有深度，实现全球化和本土化发展，让企业品牌进一步强化其商业营销的优势，夯实企业在商业领域中的地位，在当今多巨头、强竞争的市场环境中夺取更多的制胜机会。

一、独树一帜，找准品牌特色，制胜巨头之争

在这个时代，同质化的产品早已失去市场；相反，标签鲜明、个性突出的品牌才能够在市场上独树一帜。究其原因便在于：它们能够为那些志同道合的用户打造一个可以交流、可以自己做主的地盘。

1. 设计鲜明的品牌标签，在核心业务领域画地圈界

一个企业品牌若想做到"独树一帜"，必须满足一个前提条件：其核心业务是独一无二的。企业的业务、产品或服务必须具有鲜明的标签，企业要以之为核心，并将这个核心概念不断放大。当标签支撑之下企业的产品表现足够优秀时，企业便可利用标签来获利。

以国内互联网三巨头 BAT（百度、阿里巴巴和腾讯）为例，它们是在搜索、电子商务和社交的三大标签之下各占国内互联网的一片天，发展成为国内最赚钱的民营企业的。

（1）百度的搜索标签

如今的百度已经建立起一个庞大的生态圈；但是人们若是说起百度，其头脑中出现的第一标签仍然是"搜索"。所谓搜索，本质就是提出问题并找到答案的过程。网络搜索则是一种可以通过关键词或图片等来获得对应资料的工具。

最初，百度提供的搜索形式是借助关键词来搜索。随着用户的搜索要求不断提高，百度逐步发展出垂直搜索工具。目前，百度已经拥有十多种搜索产品，比如新闻搜索、图片搜索、语音搜索、视频搜索、音乐搜索等诸多产品。百度还推出了百度百科，将大量的数据库数据进行系统整理，使人们能够对其搜索内容形成一种完整的认知。

在搜索中，使用者最关心的便是获得答案的准确度和速度。为了做好这两点，百度不断提高其搜索的技术水平，提升服务器性能，让使用者能够在键入问题的一瞬间就得到问题的答案。

基于表现极为优秀的搜索功能，百度还给自己亲自打了一个标签：百度一下，什么都知道了。当这个搜索标签全面建立起来之后，百度的搜索功能开始为企业获利服务，因为，海量企业希望自己的产品和信息能够在百度搜索中优先出现，于是便出现了企业与百度的商业合作。

（2）阿里巴巴的电子商务标签

阿里巴巴的宗旨是"让天下没有难做的生意"，它曾将自己的服务对象定位为中小企业，致力于为这些企业提供更多的平台和机会。于是，"做全中国、全世界最好的电子商务网站"成了阿里巴巴的终极目标。此后，阿里巴巴长期围绕这个目标的实现来进行运作和整合，并使自己的电子商务标签为越来越多的人所知晓。

2003 年，淘宝网初创。淘宝是一个典型的 C2C 平台，在淘宝平台上商家可以免费开店。淘宝为买卖双方提供一个购买和销售的渠道，同时还加入了一款聊天工具阿里旺旺。针对淘宝上可能存在的欺诈或者其他不良商业行为，淘宝网还建立了公平保障制度。这使得大量商家开始入驻淘宝平台，阿里的电子商务标签逐步形成。

最初，淘宝平台呈现出一种网上集市的状态，一度存在着非常多的假货和残次品。为了使其电子商务的运营再上一个台阶，天猫平台于 2011 年成立了。天猫平台采用 B2C 模式，服务对象主要是企业。天猫会对企业资质进行严格考察，并对企业货品质量和来源进行监察。正因为如此，消费者更加信任天猫的产品质量。此外，阿里巴巴还在平台上打造了淘点点、

聚划算、淘生活等类目，使得整个平台的内容更加丰富。

（3）腾讯的社交标签

在目前的国内社交应用软件方面，腾讯的QQ和微信是大多数人的选择，甚至它们已经替代了部分人的电话和短信的使用。

在社交平台上的用户基数决定了平台成功与否，腾讯深谙此理。在早年的社交业务开发上，腾讯特别设置了加入好友和陌生人功能，以便于发出社交邀请，扩大用户基数。为了使用户之间的沟通更顺畅便利，腾讯QQ团队不断探索新的沟通方式：文字聊天、视频聊天、语音通话，这使人们的沟通变得更加方便。此外，腾讯还推出了游戏功能，通过互动游戏的方式来帮助人们增加亲密度和进行情感交流。

在QQ产品逐渐走向成熟后，腾讯又推出了另一款社交产品——微信。当然，微信与QQ的侧重点不同，QQ是一款相对纯正的社交软件，而微信则不仅具有社交性质，还带有商业性质——在微信上有大量的企业公众号。企业可以通过公众号与广大用户形成直接关联，以此推广自己的产品和服务。微信的朋友圈、QQ空间、朋友网、腾讯微博都是基于社交功能建立的。可以说，腾讯的"社交"标签已经实至名归。

时至今日，BAT三家企业均开始探索多元发展之路，但它们并未忽视在自己所擅长的领域内持续创新。所以，在用户的已有认知中，它们各自的核心标签始终未变。

2. 定位差异点，独树一帜，呈现品牌的个性魅力

从BAT的上述做法中可以看出，要维护用户的忠诚度，实现企业长久发展，企业必须有自己风格独特的品牌输出。因为，独树一帜的品牌特色是企业获得高额利润的最可靠保证，也是企业长期差异化发展、实现针对性的市场覆盖的基础。那么，企业如何打造出自己的独特品牌呢？

（1）在重点功能上切忌模仿

从某种程度上来说，模仿强者比模仿弱者更容易获得市场，但是必须明确一点：只在重点功能上一味模仿是无法对已成功产品实现颠覆的。也就是说，模仿依然会走上同质化的道路，并且一款重点功能突出、成熟的产品往往能够经得住市场考验，模仿无法实现突破。

（2）避免开发已有大量用户的产品

要打造出独特的产品和品牌，就要尽量避开那些拥有大量用户的产品。这一点是很好理解的。因为，作为一款能够获得大量用户的产品，它必然在核心功能和用户体验方面都做得足够成功；若想颠覆此类产品，除非这款产品出现了极为严重的问题，否则是难以实现的。

（3）牢牢把握自己的产品特色，并打造出一定的独占性

当下基本的物质需求被满足之后，用户的消费开始转向个性化和人性化需求。这就要求企业主动打造自己的独特个性，树立特立独行的品牌和标签，以独特的个性吸引用户，获得用户的青睐与忠诚。

因此，企业在打造品牌的过程中，要矢志于形成自己的优势竞争力，使其他品牌难以简单模仿，以此在用户心中占据专有地位，形成企业输出的独占性。

3. 人无我有，从易被忽视之处设计崛起点

如果觉得独树一帜是一件难以践行的事情，那么企业不妨先从那些容易被人们忽视之处着手。

营销专家米尔顿·科特勒在谈及海尔成功之路时说道："海尔在细分产品方面，如小冰箱市场经营方面，在美国取得成功。他们在美国的市场营销战略的布置是非常成功的。海尔在营销时发现了许多学生需要的一种冰箱的类型，不仅要求体积小，而且还可以当桌子用。于是海尔提供了这种冰箱。它不光提供了产品，而且确实为客户创造了价值。美国的许多学生

用的都是海尔的产品。海尔创造了一个巨大的细分市场：学生市场。这是很好的销售策略。海尔有高价格和高利润，这是中国公司不仅要在中国做而且要在世界上做的事情。这是与外国公司竞争的优势所在。"由此道出海尔的"精明"之处：在别人忽视的地方崛起。与其说海尔是一家传统制造类企业，倒不如将它描绘成一家创意型公司。

2012年12月26日，海尔开启了第五个战略发展阶段——网络化战略发展阶段。张瑞敏认为，在如今的网络时代，资源是网络化的，组织是网络化的，用户也是网络化的。企业必须转型为网络化的企业，才可能适应这个网络化的世界。因此，海尔的品牌建设也要转化为网络化的品牌建设。

为了强化海尔在几亿网民脑海中的印象，海尔开拓着网络市场的疆土：建立海尔商城、创办海尔天猫旗舰店……海尔不仅要开拓网络市场，还要保卫海外市场。海尔产品在美国的销量不断增长，一些大型公司总是试图以"倾销"的名义将海尔赶出美国市场。事实上，海尔在美国市场上的冰箱、洗衣机产品售价比一些韩国和日本的公司还要高。

张瑞敏并没有将眼光仅限定在海尔的品牌建设方面，他的愿望是："我们不能满足于拥有现有的一两个世界名牌，而是要造就出一大批来自中国的世界名牌。我们不能陶醉于拥有现有的几条大船，必须建立起一支强大的中国企业联合舰队，这就是我的最大愿望。"

对于企业来说，只有秉持独树一帜的品牌信念，着力打造"人无我有，人有我优，人优我特"的品牌特色，才能更有力地推动企业真正圈出属于自己的一席之地，在竞争激烈的市场环境中求得发展之机。

二、立足本土，面向全球，深度拓展品牌覆盖范围

企业在全球市场的总体发展战略基本为"面向全球去思考，立足当地去行动"，即面向世界去创立品牌，同时考虑品牌在国内外的落地性如何，如此才能确保企业品牌被认可，进而实现品牌覆盖率最大化。

1. 制定全球化发展战略，推动品牌全球化成长发展

企业要有在全球范围内的战略眼光，凭借海外市场的力量，努力把企业做大，扩大影响面，继而成为世界知名品牌。这就需要企业具有明确的战略定位，并针对当地具体情况设计出有针对性的跨国战略。一般而言，企业可以依照以下思路进行跨国战略的设计。

（1）满足多元诉求

企业在面向全球市场组织营销活动时，可以将全球策略加以细分，形成各个小区域范围内的适用策略，并着重与当地文化进行深度联结。这样，企业的产品会更容易被当地消费者所接受，企业的全球化战略自然也就更容易落地了。

以青岛啤酒为例。中国青岛啤酒集团在开拓国际市场的过程中，对于销往不同国家和地区的产品，会在保留青岛啤酒的明显特征的前提下，再结合当地的民俗、人情等特征，在包装颜色、图案设计及产品规格等方面，尽量满足当地消费者的主要需求，最终形成一套最能引起消费者认同的包装方案。这样一来，其包装的形式既具有了基础统一性，又具有了地域多

样性。

可以说，产品形象是企业品牌形象的一个重要表现。消费者面临日益多元的消费选择，企业因此需要注意多关注各地域、各细分消费群体的典型需求。如今，"青岛啤酒"已成为国内外知名度和美誉度最高的中国名牌之一，这与其在各地营销中对多元诉求的有效满足的行为是密不可分的。

（2）营销虚拟化

随着科学技术的日新月异，新产品的不断涌现，各类产品生命周期迅速缩短，产品差异化特征日益减少，特别是21世纪品牌营销虚拟化时代的到来，为各企业扩张，实施全球化品牌战略带来了无限机遇和挑战。

在对产品进行全球推广的过程中，企业必须打破传统的地域营销、广告促销和有形购物的概念，将品牌推广置入一个虚拟的没有国界的网络空间，让全世界的网上客户都可以直观便捷地全面了解企业的产品和服务。在此过程中，企业也可以更为直接地从客户那里获得信息反馈，取得第一手最真实的资料，快速、准确地调整企业发展战略。每个企业都要积极地抓住这一时代机遇，抢占网上市场，为日后的产品营销争取更大的空间。

（3）生产无国界化

地球村的出现使得企业的生产也可以采取"无国界"战略。具体而言，企业在产品生产方面可以更容易地实现生产范围无国界、生产主体本土化、社会贡献当地化。事实上，很多跨国公司全球化品牌经营的成功，恰恰在于这种无国界化战略的有序、高效推行。

比如，很多世界级跨国公司（如宝洁公司、可口可乐公司等）在中国投资经营时，不仅在当地拥有了极高的市场份额，建立了一定的品牌客户忠诚度和美誉度，还十分注重使用当地资源，为当地社会经济发展做出了不容忽视的贡献。在本地化经营过程中，他们聘用当地人才，加深所用原材料的本地化程度，在为当地带来税收收入、解决就业、提高经营管理水平和造就人才方面，都创造了不斐的业绩。

再如，中国彩电业在全球发展战略实施过程中，为了跳过高关税的壁垒和降低产品运输成本，而选择在当地建立工厂和销售网络。比如，海尔集团在美国建立了海尔工业园；康佳在印度和墨西哥设立了合资公司用来生产和销售彩电；创维在土耳其、马来西亚和墨西哥开设了生产基地；等等。这些企业在海外市场采用的生产与营销投资模式，极大地加快了中国制造型企业的跨国经营步伐。

可以说，企业推动自身品牌发展实现全球化发展，其过程是非常艰辛且漫长的。所以，企业必须夯实自己的经营实力，提升其对市场需求的解读能力，拥有国际化的生产营销综合运作体系，如此才能为企业品牌全球化建设铺平道路。

2. 积极打造跨国品牌，逐步拓宽品牌覆盖范围

从优秀的本土企业发展成国际化企业，这是一个循序渐进的过程。通常，企业会先立足国内的某个地域，在建立了一定的信誉基础之后，逐步向更大地域范围进行开拓发展，实现品牌覆盖全球化。

碧桂园董事长杨国强经常展望其理想目标及品牌定位："有机会要做中国第一，世界第一。"作为推动中国城镇化进程的身体力行者，碧桂园在近30年时间里致力于深耕三、四线城市，先后为将近200个城镇打造了现代化城市，极大地提升了三、四线城市人民的居住品质，从产品及品牌的角

度实现因地制宜。在这一点上，碧桂园在四川的表现非常优秀。

2013 年，碧桂园从各区域角度出发，结合本土实际情况进行产品规划。比如在泸州地区，碧桂园着力建设生态城——从产品到顾客，再到人文精神，都将自身特点与当地区域特征相结合，为四川人民打造更多的、品质更高的住宅项目，建造出一大批基层老百姓也能住得起的房子。而碧桂园之所以能够在四川获得广大购房者的一致认可，还在于其坚持"做有良心、有社会责任感的阳光企业"这一企业价值观，切实担负起一个大企业所应承担的社会责任。比如，碧桂园在四川积极开展多项公益扶贫活动，以"饮水思源"的态度，将正能量传播至每一个需要它的地方。

在国内深耕细作的基础上，碧桂园开始面向全球进行品牌覆盖与区域拓展，其业务模式从过去的"中国造城专家"向"全球造城专家"方向迈进，实现了进一步升级。在制定公司使命和品牌营销战略时，碧桂园极为重视全球经济一体化发展与企业营销标准化所发挥的作用。与此同时，碧桂园还非常重视"因地制宜"。它在传承企业品牌文化和尊重当地市场的基础上，会依照不同区域的文化特征和法律法规内容，确保在不同区域的差异化和个性化发展。例如，深受海外各界人士热捧的马来西亚项目和澳洲莱德花园项目，虽然均出自碧桂园之手，但是项目风格却各具特色。如今，碧桂园的企业品牌已经不仅限于中国国内高端化，而是朝着国际化的方向发展。

近年来，部分企业急于扩张，将品牌覆盖至更大范围，但是却因种种因素而败北。对于矢志打造跨国品牌的企业来说，要为企业设计合理的品牌覆盖规划。须知，稳扎稳打、循序渐进，才是拓展品牌覆盖范围时应该持有的态度。

3. 有效融入异域文化，让跨国品牌得以落地生根

如果企业已经决定进入异域市场，打造自己的跨国品牌，那么企业就必须切实融入当地市场，使企业品牌与异域文化实现恰当的融合。

（1）打造适应当地消费者的包装体系

当跨国品牌进入某地市场后，如果企业希望其品牌能以最快的速度去适应市场环境，获得目标客户群体的偏爱和信赖，那么在品牌形象与包装设计方面就要多花些巧思，多考虑当地文化特征。比如，在品牌形象设计方面综合考虑东道国的文化信仰、消费者习惯与偏好，以投其目标客户群体之所好。

（2）采用契合该市场特征的营销模式

在组织跨国品牌的本土化营销活动时，企业必须摆脱原先的思维模式，充分重视市场差异性，使两种文化有机融合，逾越不同文化之间的鸿沟。为了更好地将品牌融入当地文化，使当地消费者接受其品牌，企业必须面对东道国的文化背景以及在那种文化背景下形成的价值观念、思维方式、心理偏好、购买习惯等。企业可以据之创建品牌故事，以此建立品牌与当地消费者的情感联结。

在19年前，达布尔博士（Dr. Dabour）因女儿的皮肤疾病久治不愈而决定回到自己的故乡去寻求解决问题的方法。他在梅隆山区访问了上百位老者，通过不断地调配、使用植物配方，解决了女儿的皮肤问题。为了让更多消费者得到帮助，Dabour配置出了一种能适应所有肤质的、天然专业的护肤疗愈产品。这个饱含真挚父爱的品牌故事很快赢得了消费者的共鸣。

在传播层面，企业还可通过发布软文、视频宣传、线下活动、实体店

体验等多类型传播形式，将品牌故事与产品进行全方位宣传，使得更多消费者能够深度了解企业的产品与品牌理念。

　　当然，跨国公司在开拓业务时，必须按照当地的市场环境、传统文化、生活方式等来细分市场，重视市场需求的差异性，不断融入市场并依据市场需求创新产品与品牌形象，进而获得更多地域消费者对品牌的认可。

三、因应互联网时代发展特征，把握口碑营销的红利期

在不同的时代，品牌建设也要因应所处的时代发展特征。比如，过去，企业营销人员只要自上而下地搞定一个群覆盖媒体，就可以吸引客户关注。而如今，信息传播开始扁平化发展，这是一个真正依靠口碑传播和营销的时代。聪明的企业要学会把握住这个口碑营销的红利期，以更小的成本取得更大的品牌建设效果。

1. 在流量引入之始，吸引客户的注意力是关键所在

前些年，几乎所有互联网企业都在谈流量，绞尽脑汁去引流，甚至不惜组织大量人员在大街小巷"抓"用户，以发奖品返现金等形式邀约用户扫码。这种引流模式使企业烧了不少钱，然而客户流进又流出，最终也没给企业留下多少真正的客户。其实，引流的关键并不在于产生了多少用户登录痕迹，而在于真正吸引住了多少用户，这才是企业营销的关键所在。而做好这一点的第一步，便是对营销事件的设计。

（1）设计具有可传播性的营销事件

口碑营销涉及很多人的因素，特别是像褚时健等企业名人去卖橙子、猕猴桃这样的事件，他们以名人身份对接个头小小的水果，其中的巨大落差便很容易形成巨大张力，具备可传播性。再如，北大毕业生在人们的传统认知中应是在知名企业就职，但有的人却去卖猪肉、卖米粉，这种张力足以吸引社会人群前去一探究竟，由此形成口碑营销的张力效应。

（2）为营销事件设计附着力因素

营销事件的附着力强弱涉及很多因素，比如故事性、易分享性、一致性、信任度。其中，"故事性"是指企业要会"讲故事"，比如创始人大起大落的人生故事，就会带来广泛的口碑传播效果。"易分享性"是指易于人们对他人进行分享，比如一张有意境的照片或一句有趣的话都可以借助网页、微信等交流工具广泛传播出去。"一致性"是指企业倡导的思想和呈现方式与客户的观念偏好是一致的，这样客户才会与他人分享，成为企业的免费传播者。"信任度"是指人们对企业的信任程度。如果人们从营销事件中感受到自己与企业的关系很近，就会对企业信任程度高，企业的口碑传播效率则较高。虽然弱关系可以引发口碑传播，但人与企业的强关系状态才会激发用户的交易行为。

2. 紧抓热点，制造热点，形成市场营销引爆点

为了促进品牌营销取得更大的效果，企业要及时抓住热点，即那些被社会大众普遍关注的社会新闻、事件和人物的明星效应等，再结合企业的产品，开展相关宣传活动。

在 2013 年 CCTV 的年度经济人物颁奖典礼上，格力电器董事长董明珠与小米公司的董事长雷军在颁奖晚会上互相调侃，雷军说："5 年内小米的营业额会超过格力，打赌 1 块钱。"而业内闻名的"铁娘子"董明珠则一下把价码升级至 10 亿元人民币，赌注是小米在 5 年之内的销售额绝不会超过格力电器。

此后，董明珠不断地放出"狠话"，如磁石一般吸引了公众的注意力，而这一切言论全部剑指正在互联网行业发展得风生水起的小米。

2015 年 3 月，董明珠在中山大学博学大讲堂"传统企业的突围成长"一课的现场高调宣布："格力手机已经面向市场了，我现在就在用格力手

机。"并随手拿出一部真正的格力制造的手机。据称，这款手机是格力6个研究院花费一年半时间才设计出来的，功能要比一般手机先进得多。

随着格力手机的问世，董明珠在公开场合的那些言论的目的显而易见：在董明珠与雷军打赌之前，格力已经展开手机研发工作；而发展迅速的小米及其创始人雷军则完全成了董明珠进行营销、吸引公众注意力的借力点。

众所周知，格力是传统制造业和家电行业的典型代表，原本与科技和互联网行业的关联不大。但是，董明珠却通过与雷军的"10亿元赌局"建立起一种关联；随后，她又以各种激烈而尖锐的言论吸引了民众的注意，使格力长期处于被群体关注的状态之中，这为格力手机的问世提供了长达一年的预热。从某种程度上来说，董明珠利用自己的身份和影响力，为格力做了一次万众瞩目的免费营销。

当然，很多企业领导者并没有足够的知名度，无法以自己作为热点；但是，企业可以捕捉或制造其他类型的社会热点。比如，利用一些可以预知确切时间的节日、假期或者赛季特殊时段等热点进行营销。如天猫的双十一、阿里的三八扫码活动、百度的五一劳动节期间的51元特价酒店等，都属于此类营销。企业可以根据产品的个性，主动贴近或创造这类热点，以迎合客户需求和喜好，赢得客户的关注和认同，进而强化市场营销效果。

3. 高质量运营粉丝社群，打造存量时代营销王者

在前几年的流量时代背景下，很多企业采用各种方法引流。近年来，企业越来越深刻地体会到：与打造流量相比，打造存量对于企业来说才是更为重要的。

在这个存量取胜的时代，品牌营销必须把握住几个重要力量，如口碑信息影响性、社群聚焦度、粉丝的热情度与参与度，以及品牌记忆度。

（1）口碑信息影响性

从健康成长的角度来看，企业有必要关注口碑信息的内容，据之调整口碑对客户的影响。一般而言，对于正面口碑，企业要增加其来源的可信度，因为口碑信息来源可信度的高低会影响客户的购买意向。正面口碑来源的可信度越高，客户对信息感知的有用度和可信度就越高，也就越容易做出购买决策。在实践中，企业应该鼓励广大客户在讨论区中评论产品，并且采取措施鼓励客户表明自己的身份，填写真实的资料和信息，注明自己使用产品的时间、使用经验和使用感受，有效加强网络口碑的可信度。

而对于负面口碑，则要控制口碑传播，扭转负面口碑局面及控制影响。如果客户传播的体验是不真实的，企业可以通过公开的手段去澄清事件经过。如果客户传播的体验是真实的，企业则需要就此采取补救措施，借助一些正向的事件扭转客户头脑中的负面口碑造成的局面。

（2）社群聚焦度

所谓社群聚焦度，并不是看这个品牌的客户群体数量有多少，而是看这个品牌到底有多少忠于它、愿意为它呐喊的粉丝——这些粉丝不仅是忠实的消费者，还可以是在自己的社交网络中对品牌的推广工作起到宣传作用的人。对于品牌而言，最重要的就是找到这部分粉丝，并将其打造成一个强大的社群。说到粉丝经济或社群经济，那么就不得不提到罗胖子罗振宇。

罗振宇在互联网上自称罗胖子，其主持的"罗辑思维"是互联网上被很多人喜爱的知识性脱口秀节目，口号为"有种、有料、有趣"，每期视频的点击量超过100万人次。

2014年8月，罗辑思维推出会员付费制，一举入账160万元。罗振宇说："我以200元招募会员，也是想通过它来识别属于我的社群，寻找志趣相投者。"同年10月，罗辑思维又尝试新的玩法。首先，他们给罗粉们派发了"罗利"（罗辑思维的福利），随后在 10 月 8 日宣布发售同名刊物《罗辑思维》，3 天内预售数量便超过了 3000 本，在当当、亚马逊、京东畅销书排行榜上位列前茅。这就是社群化粉丝经济的力量。

2017 年，"罗辑思维"的粉丝活跃量已经突破 1000 万，如果按每个人通信录中有 100 个好友来计算，那么"罗辑思维"已经非常轻松地覆盖亿级的潜在用户。现在的"罗辑思维"社群，早已不再仅仅是一个自媒体社交群，更是一个垂直化的社交电商平台。罗胖子与社群内的粉丝一起打造社群电商产品，在社群内也在社群外进行销售。

（3）粉丝的热情度与参与度

在品牌营销与建设的过程中，非常重要的一步就是培养粉丝对品牌的热情度和参与度。企业可以通过发动一些小游戏或者线上招募志愿者、线下策划小活动，或是粉丝在消费时为其提供一些暖心的服务和小礼品，甚至定期在粉丝社群中问候粉丝。这些活动之于品牌而言，往往可能仅仅是小事一桩，但是对于粉丝来说却可能由此提升其对企业品牌的热情度与参与度。

（4）品牌记忆度

品牌营销的最高境界是赢得客户或粉丝对品牌的高记忆度。在运营社群时也要谨记这一点，让企业的客户或粉丝记住这个品牌。企业通过一些足够出色、广泛的、深入人心的品牌宣传和推广活动，使客户或粉丝们记住这个品牌，甚至视之为一种生活态度的标签。

在这个时代，信息传播非常快速，这为品牌营销带来了很多契机和便利。企业只要能够用心打造足够优秀的产品，并且认真设计品牌营销活动，便很容易为企业打造良好的口碑。

四、与时俱进，优化品牌内涵，应对持续性世界挑战

品牌营销的最高境界，是长期围绕着一个"核心"点，不断地深化其品牌内涵，使企业的品牌形象的发展与时俱进，让企业的品牌力量足以迎接持续的世界挑战，应对多变的市场环境。

1. 与时俱进，增加品牌含金量，方能打造"百年老店"

很多企业尽管拥有百余年的历史积淀，但却并不显得陈旧、落伍；相反，它们一直站在时尚的前沿。

可口可乐是全世界著名的"百年老店"之一。在世界各国，一代代年轻人都是可口可乐的消费主力。其营销之道就在于不断为"可口可乐"这个老品牌注入新的内涵，从而使"可口可乐"长期成为年轻人的流行语。在这里，我们不妨一起回顾一下可口可乐自 1886 年到 2010 年主要的经典广告语，如表 6-1 所示。

表6-1　可口可乐的广告语（部分）

年份	广告语	年份	广告语
1886	请喝可口可乐	1979	可口可乐，一杯在手，喜笑颜开
1904	美味与清新，满意尽在可口可乐	1986	追赶潮流
1906	最棒的非酒精饮料	1990	挡不住的真实

续表

年份	广告语	年份	广告语
1922	渴望，没有理由	1993	永远的可口可乐
1932	冰凉的阳光	1996	这就是可口可乐
1942	不论何时何地，只要你想起清新的感觉，你就会想起可口可乐	2001	活力永远是可口可乐
1946	世界友谊俱乐部——只需要5美分	2003	享受清凉一刻
1951	好客与家庭的选择	2005	要爽由自己
1957	好味道的标志	2009	畅爽开怀
1963	有了可口可乐，一切变得更加美好	2016	品味感觉
1971	我拥有可乐的世界	—	—

可口可乐的这些营销口号一直围绕着相似的主题设计，即极力突出可口可乐"既经典又时尚"这一品牌形象；同时，以精简的语言传达主题，使之在社会上被广为传播。此外，可口可乐的形象代言人也在不断更换，不断选择各时期里最走红的青春偶像或者体育明星。

具有差异化的表达方式使可口可乐公司让客户能充分感受到可口可乐与时俱进、不断自我创新的一面。与此同时，其营销方式的变化又在持续强化着企业的品牌效应，让这家百年企业能够不断迎合新的市场潮流和新一代的客户群体发展。这种做法是值得很多年轻企业去借鉴的。

2. 把握当下商业运作，为未来的品牌突破夯实基础

企业追求与时俱进，必须把握一个重要基础原则，即把"现在"的事做好，让"今天"相对于"昨天"有所突破。这条基础性原则，可以落实分解为两个操作行为要点。

（1）专注于现有产品，精耕细作

一些企业在经营某种产品数年并取得了一定的利润后，便会开始尝试其他产品的经营，而且是多种不同类型的产品。比如，有的企业既从事食品业务，又从事 IT 产品开发业务。这种商业运作模式往往导致其任何一种产品都难以做专做精，难以形成广为人知的市场声誉。其实，企业应先把当下的产品做好，然后再进一步提升、优化，达到更高的水平。

比如可口可乐公司，其百余年来始终专注于碳酸饮料产品，并以当年潘伯顿医生调配的可口可乐作为主打产品。其配方在 100 多年里几乎一成不变，仅在部分国家的特定市场区域略有调整。换言之，可口可乐的营销管理者已然判定"可口可乐是一种好产品，出售可口可乐是一种正确的商业选择"。而接下来，企业所做的便是立足这一选择专注精耕。这也是可口可乐打造百年口碑的重要"法宝"。

（2）与时俱进，避免品牌僵化

一些"老牌"企业在发展到一定时期或一定规模之后，很容易陷入品牌僵化的状态。例如，一些老牌产品"倚老卖老"，与时尚严重脱节，被时下年轻人视为"过时、老派"的代名词。在这样的"口碑"下，其销售业绩和市场份额持续下降；更有甚者最终因负债高昂而不得不申请破产。

仍以可口可乐为例，其从饮料包装到广告宣传，百年来一直追求时尚感；在产品质量缺陷控制方面，采用业界最严格的六西格玛管理标准——质量缺陷的产品不可超过一百万分之四，故其优良的质量也颇受消费者的信赖。

所以，企业要想经久不衰，必须把握时代特征，紧抓时代需求，持续优化，与时俱进。唯有如此，才能在每一代客户的心中都镌刻下企业品牌的经典之名。

3. 品牌发展不停歇，持续应对不断前进的世界挑战

张瑞敏预言："随着全球化和信息化发展突飞猛进，将来只会剩下两种企业：一种是全球化企业，另一种是为全球化企业打工的企业。名牌企业就是食肉动物，打工的企业就是食草动物，食草动物再强大，也只是食肉动物的食物。"

从砸冰箱到砸仓库，海尔不断地打造高端化品牌，拒绝成为无人问津的"路摊货"；从生产"制造品"发展到创造"艺术品"，海尔逐渐摆脱了传统制造企业的束缚，不断更新家电行业发展的思维方式；从引进国外技术到实现"海尔·中国造"，海尔颠覆了世界对"中国制造"的偏见；从为农民生产清洗地瓜的洗衣机到"卡萨帝"，海尔产品满足了不同收入阶层的需求。可以说，为了成为"肉食动物"，海尔的品牌建设活动从未停止过。

在弱肉强食的竞争环境下，企业不能甘于安稳和平静，只能不断地拼搏。罗马不是一天建成的，品牌也不是一朝一夕打造出来的。一个品牌能够被市场认可、得到消费者的好口碑，这仅仅是企业在品牌建设过程中取得的阶段性胜利而已。面对日益残酷的竞争，品牌发展的脚步不可停歇。

第七章
高瞻远瞩，理性风控与决策，
呈现领导者风范

在推进商业实践的过程中，如果企业当下的领导力水平滞后，那么必然会在企业商业愿景与商业实现之间制造出一条难以逾越的鸿沟。而随着商业环境的变化，领导力之于商业运作的重要性日益凸显出来，甚至一些关键特征也在发生着重大的改变。

无论企业规模大小或领导层级高低，其领导层人员都应对领导力形成系统的认知，以高水平的领导力去维护商业运作，进而引领企业持续稳健地向前发展。

一、把握未来趋势，设计科学战略，推动目标落地

如果把企业比作一艘大船，那么企业领导者就是这艘大船上的掌舵者。他们要准确把握未来趋势，设计科学的发展战略，为企业瞄准正确的发展方向，以此强力捍卫企业持续向前行进。企业领导者必须认识到这一点，并高效落实这项职责。

1. 关注行业实况，把握行业趋势，把握好企业发展大方向

很多人以为，那些大的行业变革是巨头们提前知晓并布局的，等到小企业发现机会去把握时已经为时太晚。实际上并非如此。比如一项重大的科技应用，其从技术诞生到技术成熟，从实验室研发到民用普及，这个过程可能要经历数年甚至更长的时间。这便给小型企业也留下了足够的了解、参与的时间与空间。

比如互联网，诞生至今已经 50 多年。其最早应用于军事领域，后来才被应用于商业领域；直到最近 20 年，随着个人电脑、手机的普及，网络全球普遍覆盖，互联网时代才真正到来，那些互联网公司也才获得了成功。但如果太早进入这个领域，那些公司可能未必能坚持到行业好形势到来的高光时刻。

再说说移动互联网，虽然它如今的发展趋势非常明显，但它是在经过了 10 多年的网速升级、流量资费调低、智能手机普及的发展之后，才得以呈现出如今这种井喷式蓬勃发展的局面的。目前取得成功的移动互联网领域的公司，也基本上是在最近几年才实现了突破性增长。

而作为企业领导者，要认清行业现状以及未来发展趋势，而后再确定企业进入领域以及入局的时间点，以此来控制企业需要承受的风险，保证和提高企业经营的成功率。

2. 关注战略机会，精准抓住机会点，把握战略控制点

关注战略机会点并把握好战略控制点，这是企业领导者必须予以重视的难点问题。战略机会点决定了企业下一步的发展方向是否正确，而战略控制点决定了企业保障战略实现的控制层面的内容。

（1）关注并精准抓取战略机会点

企业领导者要看清战略机会点。战略机会点要足够大，这个战略机会点最好是个海量的市场。比如无线、云计算，它们所面对的往往是数千亿美元的大市场。这些都是值得各行业去关注的战略机会点。找到这些战略机会点，最理想的状态是这个市场也是足够大的，如此一来，战略规划会发挥更大的价值作用。

需要注意的是，企业上下必须对这个战略机会点达成共识。事实上，很多企业管理者寻找到战略机会点并不存在太大难度，真正困难的是如何让战略机会点最终转变为销售额和利润，而这便需要企业管理层达成共识。如果企业高层对于重大的战略无法达成共识，那么必然不会投入大量的资金、精力去落实这件事情；而如果中基层管理团队没有达成共识，那么战略在最终落地时其效果也会大打折扣。

（2）把控战略控制点

那些能够最终助力战略成功实现的点（或称方面），比如品牌、专利、客户关系、性价比等，我们称之为"战略控制点"。

在不同市场，战略控制点的影响力强度并不完全一致。比如，斯莱沃斯基将版权列为中等强度的控制点。而面对一些强大的战略控制点，企业可能因自身能力不够强大或无法长久维持而难以把握。比如，在手机领域，

苹果和三星曾经各自控制着自己的优势价值链。当时,苹果的优势是基于iOS的内容和应用生态,三星则在显示屏、内存等领域具有强势地位。因此,这两家企业一度占据着手机行业90%以上的利润。这给我们一个启示:如果企业努力去把握这些控制点,虽然践行时存在一定的难度,但还是有很大的成功可能性。

2014年3月7日,任正非关于"重装旅组织汇报会议上的讲话",标志着华为解决方案重装旅筹备成立。2014年3月25日,HRC会议通过重装旅组织预算;2014年4月11日,重装旅与区域举行研讨,明确其组织和运作机制;2014年5月9日,解决方案重装旅训战大纲通过片联审批;2014年6月30日,50门FBB课程、MBB课程开发成功;2014年7月17日,重装旅组织正式宣布成立,下设HRBP部和亚太、欧洲、美洲三个分部。

华为重装旅的所有作战岗位是根据项目难易度和未来战略进行配置的,而不是依据个人情况和资历来配置。也就是我们常说的因事设岗,这有利于人才的能力发挥,减少不必要的行政束缚。在重装旅的管理上,任正非强调让各地优秀员工循环起来充电。他说:"特别是长期在艰苦地区工作的干部要循环出来,让他们去参加400G路由器、沙特石油等项目作战,然后派到其他地方,他的能力也提高了,这才能体现忠诚的价值。"此外,重装旅平时要做战略规划,对全球主要代表处进行研究,以找出战略机会点,并确定如何调配专家,提供何种程度的支援方案。任正非说:"我们培养重装旅的目的,就是要攻下战略机会点。"重装旅也同样注重人员的培训,把业务部门人员当成培训对象,按需对其培训。

当然,一个企业可以有不止一个战略控制点,那些有上进心的企业也绝不会愿意让自己始终受制于人。巴菲特曾发表"护城河"说,他认为企业最重要的"护城河"是低成本和品牌，"一种竞争堡垒是成为低成本生产商，另一种竞争堡垒是拥有强大的全球性品牌"。

他还说："一家真正称得上伟大的企业，必须拥有一条能够持久不枯竭的'护城河'。"而这些持久不衰的"护城河"，实际上就是我们在这里所讨论的战略控制点。但是，至少在科技业中，并不存在真正意义上的"持久不衰"。任何企业若想长期维持战略成功，都必须随着时代变化和市场变化改变其战略行为。这便意味着，战略控制点将持续保持跃进的状态。

3. 瞄准方向，制定长短期战略，让战略目标切实落地执行

企业战略有长短期之分。为什么一个企业要区分长期战略和短期战略呢？从战略的作用角度来说，长期战略能够在大方向上为企业提供行动指导，而短期战略则是为了企业更现实的生存需要。这是长期战略与短期战略之间的明显差异。两者之间也存在着关联——短期战略是为实现长期战略而服务的，因而长期战略和短期战略之间必须是协调的。

（1）长短期战略的关联

战略是对经济形势的判断所做的应对性策略。经济发展具有一定周期性规律，当企业经过了初期努力生存的阶段，积累了一定的实力后，其面对的市场环境往往已经发生了根本性变化。此时，短期战略与长期战略的分别设定将给企业发展带来截然不同的影响。围绕当下的市场经济环境，企业领导者要对企业的未来与现在，形成独特、有深度的思考。

任正非曾说："对于个人来讲，我没有远大的理想，我思考的是这两三年要干什么，如何干，才能活下去。我非常重视近期的管理进步，而不是远期的战略目标。活下去，永远是硬道理。"华为这种看似看重短期战略的观点并不意味着华为没有长期战略。华为曾经提出一个备受热议的战略观点——坚持10年内不上市。这个战略观点是任正非在持股员工代表大会上

提出的。他认为，任何公司的发展都不是只有上市一条路，一些企业完全可以缓慢地积累增长。这些企业是以管理经营为主，而不是以资本经营为主的。

后来，华为副董事长徐直军也在很多场合对任正非的这句话做出了解释："未来5～10年内，公司不考虑整体上市，不考虑分拆上市，不考虑通过合并、兼并、收购的方式进入资本游戏。也不会与外部资本合资做一些项目，以免被拖入资本陷阱。未来5～10年，公司将致力于行政改革，努力将公司从一个中央集权的公司，通过将责任与权力前移，使'听得见炮声的人来呼唤炮火'。如此便可以推动机关从管控型企业，向服务、支持型企业转变，形成一个适应现代需求的现代化管理企业。"

这给人们一个启示：领导者在制定长远战略时，应专注于企业的扎实稳定发展，而在制定短期战略时则应聚焦于管理经营，由此实现一种战略方面的平衡状态。

（2）战略并非一成不变，仍要考虑革新

企业在选定战略领域后，也不要一味因循守旧，要为了使企业获得更有利的发展而细化甚至革新企业战略。

仍以华为为例，华为的业务重点一度是运营商市场，但是运营商市场的发展潜力有限。华为的余承东曾公开声称，运营商市场如果做到400亿美元，就已经基本达到极致了。尽管传统设备市场仍然有上升空间，但是蛋糕大小已经是有限的了，所以，"我们要拓展边界，从CT向ICT转变"。

事实上，从2010年开始，华为已经开始在云计算领域发力。2010年11月，华为极为高调地发布了云计算战略及端到端解决方案，同时启动"云帆计划2011"。这是华为战略重心发生转移的显著标志。2011年年初，华为在更大的范围内进行了内部组织架构调整，设立了运营商基础网络、企业、个人消费和其他四个业务集团。当时，华为计划到 2015 年全球销售额达到 150 亿美元以上，力争达到 200 亿美元。

2011 月 1 日，华为在深圳举行的云计算大会上，正式发布"云帆计划2012"。在该计划发布会中，华为首次明确了其云计算的三大战略：大平台、促进业务和应用的云化、开放共赢。为了保障该战略能够得到有效的实施落地，华为专门成立了 IT 产品线部门，其下设有云平台领域、服务器与存储领域、数据中心解决方案领域等，并以云计算为平台搭建基础，倾力打造企业的 IT 产品。

这一系列战略行动的背后，恰恰是华为加快推进云计算战略的实施步伐。任正非表示，华为从 IT 走入云与其他企业是截然不同的，华为是通过绑定电信运营商来做云，"我们做的云，电信运营商马上就可以用，容易促成它的成熟"。

也就是说，企业领导者在进行战略选择时，应基于对企业发展更有利的目标进行考虑。而后，在这一目标与战略的指引下，进一步分解出一系列战略目标实现的步骤，稳扎稳打，以此带领企业持续向前、不断进步。

二、端正对待风险态度，掌握企业现状，理性把控和管理风险

德国奔驰公司董事长埃沙德·路透在其办公室里悬挂着一幅巨大的恐龙照片，在照片下清晰地写着一行字："在地球上消失了的、不会适应变化的庞然大物比比皆是。"这幅画和这段话向世人展示着他强烈的风险意识，同时也在向人们阐述一个非常简单的道理：风险意识是企业领导层必备的基本素养意识，企业领导层必须抱持着恰当的风险态度去领导与经营企业。

1. 端正风险态度，勇敢地面对和承担风险

在实践中，企业决策者表现出的面对风险的态度常常呈现出三种类型，分别是：风险趋避、风险偏好、风险中立。

风险趋避：商业经营本身存在一定的风险，所以纵然企业决策者表现出风险趋避态度，也不等于他客观回避了风险。风险趋避是指企业决策者在承受风险的情况下，做出了风险相对较低的选择。比如，一位决策者情愿接受一个预期回报率较低的项目，是因为他认为这个项目失败的可能性相对较低，那么他的风险态度便属于"风险趋避"的类型。

风险偏好：是一种与风险趋避完全相反的风险态度。如果企业决策者表现出主动追求风险、喜欢收益动荡的行为，那么他的风险态度便属于风险偏好的类型。

风险中立：是指决策者既不回避风险，也不主动追求风险。如果一位决策者选择项目或做出决策的依据是预期收益的大小，而并不在意这个项

目的结果是否比较确定，那么此类风险态度便属于"风险中立"的类型。

在风云变化的市场环境中，一些企业决策者把降低风险定为主要工作任务之一，但是，这并不意味着管理者要将逃避风险作为工作的首要目标。德鲁克曾经提及一个故事，说的是两家企业在信贷危机的余波中所上演的"双行记"。

在危机发生初期，这两家企业均受到了猛烈的市场冲击，人们都认为这两家企业很快就会倒闭。在努力重建业务体系的过程中，这两家企业采取了两种完全不同的方式。

其中，A企业的管理者紧缩管理支出，同时也大幅削减新增业务。最初，该企业管理者因其负责任且态度谨慎的做法而获得众人的赞誉；但是数月后，当该企业管理者鼓励员工们承担更多的风险时，员工们表现出强烈的抵制情绪。而B企业的管理者却选择从一开始就承担更多的风险。他们设定了远大的盈利目标，并鼓励员工们继续寻找高回报的投资项目。

这两家企业最终收获的成果是天差地别的。A企业的季报报亏，而B企业却在第二季度创造了利润新高，并留出大量储备金用于在年底发放奖金。

案例中的A企业是危机后企业决策者彷徨不定的典型代表。企业管理策略从一个极端走向了另一个极端：起初，他们过度地承担着风险，随后便认识到了问题的原因所在，于是马上采取相反的风险态度。从中我们不难看出，决策者将其风险承受期望与普通员工的态度进行协调时的难度很大，而如果企业过于草率地调整运营方式所带来的压力也是非常大的。

这类问题在当前的很多行业中都是普遍存在的。由于对系统风险的错误判断，各地的企业决策者不得不面对新一轮的危机——信心危机。对于

外部环境的高度不确定性，使很多企业决策者推崇谨慎行事，最终却因此错失了许多获得丰厚回报的良机。

为什么抱持谨慎之心，企业却陷入了经营困境呢？诚然，企业决策者采取一种经过深思熟虑而非草率的行为方式去承担风险是很有必要的。但是，所有行业都存在着企业必须接受的风险。"以逃避风险为出发点"的管理策略看似安全，实际上却会使企业不得不去承担一种更大的风险，即甘于平庸的风险，这只会导致企业的僵化乃至倒闭。

所以，企业要想生存下去，就必须敢于承担风险。即便是遇到不得不接受的风险，企业决策者也要鼓起勇气去承担。

2. 基于风险的不确定性，竭力避免风险评估的失误

在经济、社会和政治等各大领域中，不确定性展现出了巨大的力量。在它的影响下，大多数企业仍旧将自己的预测和计划安排建立在概率的基础上，结果导致这些企业的决策欲速则不达，或徒劳无功。德鲁克在《巨变时代的管理》一书中也曾提到，很多昔日独领风骚的企业之所以相继走向没落，大多源于某种致命的经营失误和对风险评估工作的疏漏。他以 20 世纪 70 年代几乎垮台的施乐公司为例，很好地说明了这种失误和疏漏所产生的严重后果。

在发明复印机后不久，施乐开始陆续为其研发的复印机赋予更多功能。这些新功能的增加，抬高了复印机的价格，给施乐带来了较大的利润率。事实上，不仅施乐的利润实现了节节攀升，其股票价格也一度居高不下。但是，绝大多数的消费者仅仅需要一台功能简单的复印机而已，于是他们越来越多地开始购买施乐的竞争对手的产品。而当日本的佳能（Canon）公司生产出功能简单的复印机，以极快的速度占据了一大块美国市场时，施乐仅能勉强度日。

施乐经营政策的制订，可以说是管理者在经营风险评估方面的一次极大疏忽。这导致施乐不但未能给自己持续带来高利润，反而给竞争对手让出了一块不小的市场。

我们再看杜邦公司。杜邦公司之所以仍旧是世界上最大的合成纤维制造企业，是因为该公司在 20 世纪 40 年代中期设计新型专利产品尼龙，并制定了最有竞争力的售价（其售价比当时同类企业商品的售价低了 2/5），这使它在此后 5 年内几乎没有遭遇过有力的竞争对手。杜邦的举措将市场竞争危胁的出现推迟了数年。

同时，杜邦公司还创造了一个任何人都没有想到的市场（如汽车轮胎市场），这个市场的规模非常迅速地超过了女式内衣市场的规模，并且有更大的利润空间。6 年后，当竞争对手真的出现时，杜邦早已在这块市场上站稳了脚跟。

杜邦公司之所以敢于做出这样的决策，并非一时头脑发热，而是其建立了科学的评估团队。为了确保决策的准确性，杜邦公司的决策层组建了专门的团队，来帮助其评估每项经营决策可能带来的利润和风险，从而将其经营风险控制在最低水平，为企业赢得了巨大的利润。

因此，如何对企业所承受风险状况做出判断，恰当地评估经营管理风险，继而对该风险加以全面管理，已逐渐成为企业面向未来而战的坚实盾牌。

3. 避免高估自己，理性判断企业的风险承受能力

哥伦布曾言："冒险不等于玩命。人生中的冒险是建立在科学预测、认真论证和斗智用谋的基础上的勇敢行为。"如果企业决策者自以为是，高估自己对风险的承受能力，那么往往会将企业引入高危机处境之中。所以，

企业决策者要明确企业的优势能力。

德鲁克曾提醒企业决策者,应明确:"这家企业善于做什么?它在哪些方面做得好?换句话说,哪些实力使企业具有竞争优势?这些实力应用在什么方面?实力分析还会显示出企业需要在哪些方面进行改进或提升,需要获得哪些方面的新实力,指出企业可以做和应该做的事情。实际上,只有企业的实力与已经发生的变革相互匹配时,才能提出行动的计划。"也就是说,明确企业的优势,将更有助于人们将意想不到的意外事件迅速转化为企业的优势机会,进而控制那些具有不确定性的风险。

作为企业决策者,可以通过广泛的调查厘清各个功能领域状态:市场背景、顾客、合伙人及供应者之间的关系,明确企业资产情况,绘制出一幅清晰的关于企业盈利方式、程序及组织内外关系的结构图。然后,为已明确或潜在的风险控制费用设定基本底线,并在此基础上确认在未来可能影响企业盈利的企业战略。

只有这样,企业决策者才能看清楚哪个领域需要投资、哪个领域应该撤资,在冒险和谨慎行动间做出必要的权衡,进而在下一步做出准确、适宜而有效的决策。

三、着眼全局，民主决策，进行必要的决策取舍

　　企业领导者身为企业的头部，必须着眼全局，为企业整体提供最系统的指引方案。为了保证决策的系统性并促进决策落地，也要发挥民主决策的作用，倾听一线的声音，引导员工参与到决策过程中去。

　　1. 具有大局意识，将大局思想视为决策的依据

　　对于企业的每个人来说，其工作成果是由自身所创造的贡献来衡量的。因此，一个优秀的领导者必须具备大局意识，必须清楚地明白企业究竟需要员工做出什么成就，团队期望员工创造出什么结果。只有跟着需要去做事，才能创造出最大的价值。

　　唐·高戈尔是麦肯锡的一位咨询顾问。据他回忆称，麦肯锡新人在入职一段时间之后，往往会遭遇"新秀墙"，所谓的新秀墙，便是指新人的工作瓶颈。即便是他自己也曾不可避免地出现过"撞墙"的情况。

　　在入职接近 3 个月时，他所接手的第二个项目是为客户公司处理管理层权责不明的问题。因为是第一次接触这类案子，高戈尔接连耗费了几天时间，却仍然没能找到解决问题的切入点。

　　他发现，事情似乎有点复杂：他分析 A 后还要分析 B，接下来 C 似乎也很关键，然后 D 又紧随其后……总之，每当他在分析得差不多的时候，便会不断有新的数据跳出来，以至于他虽然没日没夜地进行分析，却始终未能获得实质性结果。

当高戈尔觉得自己即将被压力淹没的时候，项目经理找到了他，并且给出了一针见血的建议："为什么不试着退回到起点，搞清楚项目组最需要你解决的问题是什么呢？"

高戈尔如梦初醒：我最迫切需要解决的只是该公司管理层权责不明的问题。所以，只需要对那些支撑该问题的元素做出分析，确定核心议题就可以了；而那些其余的附加元素，根本不需要在此刻去探讨。

抓住了重点以后，高戈尔仅仅用了半天时间，便整理出了一份近乎完美的解决方案。这不仅使他得到了客户的高度认可，还让他在自己的顶头上司面前赚足了面子。

1985年，唐·高戈尔离开麦肯锡公司加入基德尔·皮博迪公司。1989年，他又加入了克杜莱投资公司，并在1999年成为该公司首席执行官。在一次接受采访时，他提及当年的往事称："在麦肯锡的那段时间，我学习到的最有价值的事就是'以大局为重'。做事受挫时，我们不妨试着后退一步，弄清我们所要解决的问题，然后按照大局所需，去做最需要做的，便再也没有问题了。"

事实上，不仅是在工作遇到困难时，最好是在工作开始之前，我们便弄清楚：在这次任务当中，自己的团队和企业的目标究竟是什么。如果我们所做的不能与整体需求保持一致，那么便是在浪费时间。换句话说，我们所做的事情再多，最终也会变得毫无意义可言。

2. 采取民主决策模式，鼓励员工参与决策

单个人的力量是弱小的，想法也是存在局限性的；唯有民主决策可以集中员工智慧，做到群策群力，让企业沿着专业方向发展。所以，马云说："一线团队、真正听到枪炮声响的员工拥有决策权力，这个原则不会变，但是我们千万不能出现官僚主义。"

在阿里巴巴，马云十分重视打压宗派主义、官僚主义。他清楚地知道，一旦企业内部出现这种苗头，那么企业决策大权将落到宗派头目的手中，而民主的声音会被掩盖。

为了防止这种现象出现在阿里巴巴集团，马云早早就做了预防准备。例如，在一个部门内，如果部门里有一个带头人搞山头，那么这个带头人一定会被马云调离该部门。如果这个人被调离后还是一如既往，妨碍民主决策，那么，马云就会毫不犹豫地把他开除。

马云说："如果内部决策都由上层领导者说了算，为什么还要叫民主决策？！我只要在集团内部发现了宗派和官僚主义的苗头，必然会对其带头人进行严惩。而且如有再犯，会直接选择开除，永不续用。不仅如此，就连他的羽翼势力，我也会及时地拆剪掉，分派到不同的部门，让他们在利益上失去联系。"

可以说，企业必须打破官僚主义作风，"让听得见炮声的人敢于说话"，这样才能帮助企业做出最合理的决策。

此外，在企业发展过程中，企业决策者或领导者也要充分利用各层人员的智慧，对人、事、物安排进行科学决策与统筹计划，以更好地提升士气，让企业下达的最终决策更容易得到贯彻落实。

在通用电气公司，韦尔奇要求公司内部定期召开一个为期3天的研讨会，地点设在会议中心或者饭店。公司的管理人员负责组建一个研讨团。研讨团的成员是从企业各个层级随机选择的人员。每个研讨团的组成人数多在40～100名。在会议开始第一天，由一位经理为研讨活动拟定一个大致的活动日程，然后自行退出。所有参加研讨的人员会被分成5～7个小

组，每组成员由一名会议协调员组织带领讨论。每组人员选定一个议题，然后针对该议题进行为期一天半的研讨。在第三天，原先那位经理会重新回到研讨会，听取每位代表人员的发言。在听完建议后，这位经理只能做出三种选择，即当场同意、当场否决或者进一步询问情况。

让员工参与决策的激励措施实施了没有多久，便取得了非常好的效果。因为，通用电气公司的每一位员工都在积极挖掘和释放自身的潜在能量，以百倍的热情努力地做好工作。通用电气公司的一位高级主管曾用无比激动的语气说道："我实在想不出，还有什么方法能比让全员参与决策更能提高员工士气的了。"

所以，一家企业在做一项新的决策时，可以不论职位高低，让员工平等地"走"进来参与。这样一来，会使员工感到自己受到了重视和信任，无形中激发出他们主人翁的责任感和工作热情，从而为自己做出的决策能够落地而竭尽全力。

3. 理智取舍，冷静处理失误，发现成长机会

企业的发展是一个机会与挑战并存的过程，一个项目、一件事是机会还是诱惑，要看企业领导者如何做出科学正确的决策。

（1）以果断的态度做出决策

在机会面前，企业领导者应当不惧怕决策行为，在该抉择时当机立断，果断决策。可以说，准确捕捉时机，集中当下可用的资源，向新的方向推进企业的发展，是每一位优秀的企业决策者都应该承担的事。

20世纪70年代，英特尔公司的决策者把企业定位为专门生产储存器的公司，而且在生产储存器方面确立了其世界霸主地位。但是，时间到了80年代后，日本的工业迅速崛起，日本制造的储存器以极为低廉的价格，迅

速占领了全球储存器市场，而英特尔则被从原本属于他们的市场领域挤了出来。至 1985 年秋季时，英特尔出现连续 6 个季度的亏损，以至于整个产业界都在怀疑英特尔是否还会继续运作这一领域。

围绕着"是否放弃储存器业务"的问题，英特尔的管理高层进行了一次非常激烈的讨论。要做出"放弃生产储存器"的决策是非常困难的，因为当时的英特尔仍然属于"储存器"的代名词。让人始料未及的是，英特尔在这样的争论中徘徊了一年，其受到的损失也越来越大。直到后来，时任英特尔首席运营官的安迪·格鲁夫力排众议，坚决放弃了储存器的生产；同时，他把微处理器生产作为英特尔公司的新的业绩增长点，并把英特尔公司更名为英特尔微型计算机公司。

如其所愿，英特尔后来在微处理器上获得了巨大的成功。1997 年，英特尔获得的年利润高达 69 亿美元。从 1987 年到 1997 年的这 10 年间，英特尔的年投资回报率平均高于 44%。由此，英特尔公司成为世界上规模最大的半导体企业，安迪·格鲁夫也因此被评为全球最佳企业领导人之一。

对于决策者来说，当机立断地做出决定可能面临失败，但是如果犹豫不定，付出的代价可能会更大。所以，企业领导者在需要当机立断做决策时，应该有当断则断的胆略和气魄，敢于确定决策和行动方向，这才是一个优秀领导者的做事风格。

（2）在机会面前，理智取舍

只有在机会面前保持理智、懂得取舍的领导者，才能做出对企业最有利的决策。

"苹果教父"史蒂夫·乔布斯年轻时曾经面对一个关乎其人生走向的重大抉择："到底是直接创业，还是继续读大学，大学毕业之后再创业？"经

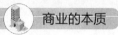

过一番思考之后，他决定：直接放弃读大学，将全部精力集中在自己想要开拓的事业上。在他看来，如果选择读大学，不但需要缴纳极为高昂的大学学费，还要涉及大量的时间成本问题——因为他在读书的这几年里，将没有太多时间通过计算机技术获得巨额收入。所以，他在上大学8个月后，毅然决定：放弃学业，并在他父母的地下室里创建了苹果公司。

比尔·盖茨，他与乔布斯同年出生，两人被人们称为"IT产业双子星"。1973年，比尔·盖茨考进了哈佛大学法律系。学习了3年后，他发现自己并不喜欢法律，而对计算机非常感兴趣。当时，比尔·盖茨面临着和乔布斯相似的选择：一是继续学习直至大学毕业；二是立即退学，创办自己的软件公司。经过一番思想斗争之后，比尔·盖茨做出了决定。他与好友保罗·艾伦一起创建了微软公司。

企业决策也是如此。在企业实践中，企业决策者经常会面临二选一的抉择，就好比不可兼得的鱼和熊掌，需要取舍。当面对种种取与舍的选择时，企业决策者只有认真分析，合理适当地进行取舍，才能让企业走上正确的发展道路。

管理学上有一句名言："100个行动也无法挽回1个错误的决策。"因而，企业领导者面临选择的两难境地时，千万不可掉以轻心，要理智地分析取和舍的后果，找到取舍之间的平衡点，这样才能得到正确的决策方案，使企业始终沿着正确的方向前进。

（3）允许决策错误，创造成长机会

有时候，决策失误已经无法避免，那么就要冷静地接受错误。马云认为，要想做出具有创新意义的决策，就必须接受决策错误带来的后果，在错误基础上的成功决策也许会对企业的发展更有价值。

在一次内部讲话中，马云说："天下几乎没有企业不犯错。为什么大家经常说《赢在中国》做得不错，因为《赢在中国》那帮小孩犯的错误我们都犯过，都是差不多的。人不能说我不犯错误，人一定会犯错误。

"在今年的亚布力论坛上，李彦宏讲他的目的是不犯错误，等待对手犯错误。我的观点刚好相反，第一我允许自己犯错误，第二我允许团队犯更多错误，超过我。人只有放松了，你才能做得好。我们现在有这样的自信，我觉得即使我犯了错误都不会倒，即使我的团队、我的同事犯了错误也不会倒。

"当然我们不会愚蠢到要故意犯错误。毫无疑问，允许自己可以犯错误，做事情就会轻松起来。什么叫创新，就是认真地玩。很认真地玩的时候，就是在创新。创新必须是放松的。很紧张的压力下，怎么可能创新？你不允许团队犯错误，我可以告诉你，你就不可能成长。"

可以说，马云的重要决策一次次使阿里巴巴走向行业翘楚的地位。而马云的这几段话则在告诉我们：马云的决策也会出错，但是他更善于从错误的决策中总结教训，最终使其决策变得正确。

2000年年初，很多互联网公司开始进军海外市场，马云认为阿里巴巴公司也应该到国外市场去进行一下历练。于是，他确定了阿里巴巴集团海外市场扩展计划。为了有效实施这项计划，马云决定此次行动由他亲自带队。

然而，到了当年9月时，阿里巴巴集团却出现了资金周转难题。马云无奈之下，不得不放弃了海外扩张计划，撤军回国。针对这件事，马云自己悔悟道："阿里巴巴集团的海外计划失败的主要原因在我。我过高地估计了阿里巴巴的经济实力。我需要对这件事做出深刻的反省。"

的确，海外扩张计划并不是任何一个企业都能够成功实施的。它需要企业在人力、物力、财力三方面都准备得足够充足。只要在任何一方面存

在资源配置不到位的问题，那么企业的海外扩张计划就会落空。而马云在最初做海外进军的决策时，并没有充分考虑阿里巴巴集团在资金方面的欠缺，其出现失败的结局也属必然了。

这次决策虽然是失败的，阿里巴巴也为此付出了代价，但它却是阿里巴巴历史上的第一次进军海外市场的战略决策，而这次错误的决策成为阿里巴巴的一次试水，为后续的成功打下了基础。

在企业发展过程中，出现决策错误有时是难以避免的；更重要的是，企业能够在决策中发现新的、正确的想法和思路。当然，如果在进行创新决策之前就已犯过错误，那么在总结分析错误原因之后所做出的决策往往会更具有可行性。

在杨元庆和郭为"分家"后，联想控股集团每年只能从联想计算机集团和神州数码公司分到少量资金，一度处于发展停滞状态。柳传志不甘心让联想控股集团处于这样的经营状态，经过几番考虑后，他决定开辟一个新的业务领域，让联想控股集团得以复活。

经过系统调研之后，柳传志最终决定进军投资业。面对这个新的业务领域，柳传志是满怀信心的。他认为："这些年来，联想集团在中国的 PC 行业里连续做了 6 年的第一名。此外，郭为带领的神州数码也是代理分销领域中的一艘巨舰，有相当大的吨位。再加上联想控股集团这些年积攒的几十亿元资金。这些条件足以支持联想控股集团进驻新的业务领域。""另外，市场上的风险投资具备高风险、高回报的特征，这是联想控股集团股东们最喜欢的项目，我没有理由选择放弃。"

如今，联想投资公司和弘毅投资公司已经成功参与了多项投资并购项目，并取得了不俗的成绩。这两个新生的投资公司已经在中国的投资市场中成功地崭露头角。

联想控股集团旗下的投资业务做得风生水起，让很多人产生了疑问："联想控股集团这个投资界的外行人是如何使投资获得成功的呢？"

对此，柳传志解释道："联想控股集团在做投资业务时，遵循了这样一条原则：事为先，人为重。我们会对投资对象进行深入调查、了解。只有确定了投资对象是合适的，我们才会考虑合作的事。""另外，我们还有一个投资潜规则，那就是工作人员不能轻易再换。""当初，联想投资公司做VC的投资，其间大概进行了5次人员更换。正是因为人员的更换，最终导致VC投资项目进度滞后，联想投资公司损失惨重。从那以后，我发誓绝不会再做这么愚蠢的事情。"

虽然柳传志的投资决策也遭遇过失败，但是他再做投资决策时便会从失败经验中吸取教训——不轻易更换工作人员，这样使他的投资项目运行保持正常的进度，最终使联想投资公司实现获利。

企业领导者在决策时，不妨多听取不同的意见；即使是错误的意见，也能从中提取出新颖的观点或可用的建议。这样，才能为企业营造一种头脑风暴式的决策氛围。

四、牺牲小我，以身作则，发挥引领示范作用

俗话说："火车跑得快，全靠车头带。"领导者是企业的领头羊、掌舵者，必须要全身心投入到企业建设与运营工作中，时刻注意自己的行为表现是否与企业发展需求相契合，这样才能发挥积极的引领示范作用，引导企业上下一致的行为表现，共同践行企业的战略目标。

1. 全身心投入，牺牲小我，成就企业的未来发展

个人的力量是薄弱的，但精神潜力却是无限的。对于企业领导者来说，如果要推动企业发展并达成目标，那么必须要愿意牺牲小我，全身心地投入到企业建设中，以此来推动企业朝着预期的方向发展。

张瑞敏曾这样说道："我理解的大事、我能够尽力去做的大事，就是使海尔成为一流企业，成为中国民族企业的脊梁。也许我最终做不到这一点，但我相信中国企业一定会屹立于世界经济强林。"自1984年以来，张瑞敏就致力于打造中国家电品牌。当海尔在国内独占鳌头时，张瑞敏毅然决然地带领海尔走向海外市场，兑现自己曾经的承诺。

在事业起步之初，张瑞敏并没有想到海尔公司能够取得如此巨大的成就。他说，他只是遵从自我牺牲精神的指引而已，没想到却能爆发出如此巨大的潜能。在旁人看来，张瑞敏的企业经营之路犹如神助，似乎并未花费太多精力便轻轻松松地达成了每次制定的目标。事实上，张瑞敏每次取得的成功都是来之不易的，他挥洒的汗水绝不少于任何一位企业家。

有一次，张瑞敏前往日本考察。当地一名企业家与张瑞敏谈及自己创业之初的辛苦："每天睁开眼睛做的第一件事，就是工作，等到家人带饭过来，吃过早饭后又是连续不断地工作，累了就睡会，醒来之后接着工作。"对这位日本企业家的话，张瑞敏也颇有感触。

因为，张瑞敏每天也会安排大量的工作时间——每天超过12个小时，没有任何娱乐和休闲。出差时，他会随身携带管理方面的书，以便在路途中阅读。张瑞敏曾感慨地说："我不是说不能打高尔夫，而是说中国没有一代人的牺牲，想办出优秀企业是不可能的。你到国外去看看，美国是不是牺牲了一代人？日本是不是牺牲了一代人？韩国是不是牺牲了一代人？创业这一代人都牺牲了。"

张瑞敏本着这种自我牺牲的精神，数十年如一日地专注于对海尔集团的建设工作；而海尔集团也以不断成长壮大的姿态，回报着张瑞敏的付出。2018年，海尔集团全球营业额达2661亿元，同比增长10%；全球利税总额突破331亿元，同比增长10%；生态收入达151亿元，同比增长75%。海尔已经从最初那个资不抵债、濒临倒闭的小工厂，发展成为一家引领物联网发展的生态型企业，成为BrandZ全球百强品牌中第一个且是唯一一个物联网生态品牌。

2. 以身作则，潜移默化，发挥领导者的示范作用

企业领导者的言行具有强大的榜样力量。在任何企业中，员工的眼睛基本都会盯在领导者的身上，从领导者的身上把握企业倡导的精神文化与行为指向。管理学家帕瑞克曾说："除非你能管理'自我'，否则你不能管理任何人或任何东西。"也就是说，要想让广大员工做出企业所要求的行为，那么就要让他们看到高层领导者是如何以身作则的。

在联想内部一直保持着一条不成文的规定：举行 20 人以上的会议时，不得迟到，否则要被罚站 1 分钟。在这 1 分钟里，所有人都严肃地注视你，1 分钟过后，会议才重新开始。第一个被罚的人，是柳传志原来的老领导。罚站时，老领导紧张得汗流浃背，柳传志也十分紧张。柳传志对自己的老领导说："您先在这儿站 1 分钟，晚上，我去您家站 1 个小时。"

当然，柳传志本人也被罚站过 3 次，其中一次是因为他被困在了电梯里：电梯在上升的时候出现了故障，柳传志咚咚地敲着电梯门，希望有人听到，能帮自己请个假。结果，没有人听到，柳传志被罚了站。

对此，柳传志表示："在企业中，每个人都像一个个阿拉伯数字，比如 10000，前面的'1'是有效数字，后面的'0'都是因为有了'1'才被赋予了意义。管理者就是那个'1'，不管身后是什么人才，如果管理者这个'1'做不正，企业也会被带歪。"所谓"上梁不正下梁歪"说的就是这个道理，一个经常迟到、又总是提前下班的领导在管理员工时怎么能挺直腰杆呢？

"君子之德风，小人之德草。草上之风，必偃。"如果领导者不能以身示范，那么，领导者的权威和企业的执行力都会遭受损伤。事实表明，领导者的示范力在很大程度上影响了员工对规则的执行。如果领导者带头违反规定却没有受到惩罚，员工则会纷纷模仿或放弃对自我行为的内在管控。只有领导者在行为方面起到示范表率作用，才能更有力地约束企业上下的行为表现，推动企业整体向前发展。

第八章
自我约束，专业严谨，
持续提升个体执行力

彼得·德鲁克曾说："管理是一种实践，其本质不在于知，而在于行。"在实践中，即便企业设计了长远科学的战略规划，有了具有超强决策力的领导，如果企业中的个体因专业能力不足、失于约束等问题而使规划无法全面践行，那么一切将成为空中楼阁，最终什么都实现不了。换言之，持续保证和提升个体执行力，是企业管理的重中之重。

一、以制度强化约束效果，以规矩维系企业方圆

西点军校有一个久远的传统：遇到长官问话时，新生只能给出四种回答。如果长官问："你的四个回答是什么？"这个时候，新生只能回答："报告长官，是""报告长官，不是""报告长官，没有任何借口""报告长官，我不知道"。除此之外，新生不能多说一个字。

这个故事所要表达的主题是什么呢？规矩。正所谓："没有规矩，无以成方圆。"无论是在军校，还是在企业中，都应遵循一定的规矩。这里所说的"规矩"，可以是规则、制度、规定、纪律等，是具有约束力的明文规定或隐性文化。

1. 从心而行不逾矩，用规矩成就企业的方与圆

在企业中，规矩之于日常经营秩序具有强大的作用力。它可以保障企业日常运作的有序性，甚至在企业运作极度混乱之时去帮助企业管理者控制和稳定局面，推动企业实现从乱到治的过程。

1984年12月，张瑞敏刚刚接手青岛电冰箱总厂。当时，他看到的是一个非常混乱的景象：厂里规定8点上班，9点时开始有员工离开岗位，10点时厂里工人已经所剩无几。工厂里的道路因多年未修整，下雨时路上全部都是烂泥，人们很难穿着鞋子走过去。一些员工将车间窗户上的木头框卸了下来，用作冬天里烤火的木柴；待到天气冷了，他们便在玻璃上挂一块塑料布用来抵挡风寒。为了贴补家用，部分工人甚至成了厂里的惯偷。

卫生方面情况也非常糟糕，甚至有些人在车间里大小便……

为了把工厂管理带至正轨，张瑞敏决定：严抓纪律。张瑞敏将过去的规定予以废除，重新制定了 13 条管理规定。这 13 条管理规定的内容包括：不准迟到早退、不准在工作时间喝酒、车间内不准吸烟（违反者一个烟头罚 5 元）、不准在车间随地大小便、不准哄抢工厂物资等。

如今在我们看来，这 13 条规定的内容实在太简单了；然而，在当时的海尔工厂，执行难度却并不小。比如，虽然规定已经向全员公布了，但是仍然有人偷拿工厂里的物资。张瑞敏决定杀一儆百，开除那个盗窃物资的员工。自此，13 条规定不再是摆设，而变成了海尔实实在在的管理规定。

张瑞敏以 13 条规定唤醒了员工的品德，使得海尔人开始自律、自强、自爱，由此才让海尔真正开启了新篇章，并逐步成长为我们今天看到的这个海尔集团。所以说，在企业发展过程中，规矩的作用是不容忽视的。企业上下要严格遵守企业的规矩（规章、制度、文化等），确保企业处于和谐与稳定的运作状态中。

2. 建立管理制度，系统打造行为约束网络

有人说："任正非给华为建立了一套制度，这个制度确保华为在未来若干年内都能运行在正常的轨道上。"从这句话中足见，人们对华为制度管理的高度认同以及对制度管理重要性的认知。那么，怎样为企业建立一套有效的制度呢？

总的来说，企业的制度建设可以从两大方面入手，一是制度内容无歧义，二是两公管理（"公开""公平"）。以此来确保员工对制度的理解、认同及自我约束，保障其顺利达成企业目标。

（1）制度内容无歧义

在很多情况下，企业有制度，员工也在长期的训练下形成了规矩意识。

但是，不同的人对规矩的理解是不同的。这不仅会影响企业规范化管理，降低员工的工作效率，还会出现"公说公有理，婆说婆有理"的问题，导致员工或管理者之间产生一些矛盾，使得原本就有些混乱的企业状况雪上加霜。

要想解决这种问题，企业在制定制度时就需要做到具体、细致，毫无歧义。这样一来，才能让员工看上一眼，就会了解和理解自己应该怎么做以及不那样做的后果，从而更愿意去执行。

（2）制度内容公平、公正

企业制度体系公平、公正是每位员工的心理需求，也是企业管理的需要。任正非曾有过精彩的论述："华为要按价值贡献，拉开人才之间的差距，给火车头加满油，让列车跑得更快些及做功更多。在华为，践行价值观一定要有一群带头人。人才不是按管辖面来评价待遇体系，一定要按贡献和责任结果，以及他们在此基础上的奋斗精神。目前华为人力资源大方向政策已确定，下一步要允许对不同场景、不同环境、不同地区不同的人力资源政策适当差异化。"

在企业中，无论职位高低，每个人在人格上都是平等的，每个人都要得到平等的发展机会。因此，企业应运作在一个公平、公正的管理制度体系之下，使企业上下能够团结在一起，并呈现出热烈的工作激情和强大的行动力。

3. 以自律促使价值观行为化，强化个体行为自觉

规则和制度是一种他律行为，是强制性的要求，让人们不敢有所懈怠；而要从源头上约束个体的行为，也不可忽视个体自律的作用。企业要通过强化自律意识，使员工从里到外地认同企业价值观，并在工作的细节中自觉遵行各类制度要求。

华为十分重视人员自律的作用，经常组织自律宣誓活动，以增强华为

人的自我约束能力，营造了一种良好的工作执行氛围。

2005 年，华为召开了经营管理团队（Executive Management Team, ETM）民主生活会，在会议上，EMT 成员达成了共识：公司最大的风险来自内部，作为公司的领导核心，EMT 成员需做到正人先正己。因此，会议通过了《EMT 自律宣言》，并要求在此后的两年时间里，逐渐覆盖各级主管干部，以此强化干部的自律意识。2007 年，华为举行了首次《EMT 自律宣言》宣誓大会，任正非等 9 位 EMT 成员集体举起右手，庄严宣誓。当届轮值主席郭平指出："创业容易守业难，堡垒最容易从内部被攻破，我们要时刻保持清醒，强化干部自我监管，进行组织监管机制的建设，保持干部队伍的廉洁和奋斗，只有这样，公司才有可能长久地活下去。"之后，华为除了高层集体宣誓外，也会举行部门专项的集体宣誓，使自律宣誓实现常态化。

通过自律宣言，企业可以在内部打造一个透明的民主监督环境，每个宣誓的个体在宣誓的同时，也将自己的责任和义务透明化。这时，人们往往会自觉遵守自己公开发表的誓言，让自己的行为与之相符。

近年来，越来越多的企业加入到自律宣誓的队伍中来，使个体践行企业价值观的行为动机都得到了很好的强化，促使个体更积极地落实企业战略目标，形成了一种非常正向的企业氛围。

二、保证领域聚焦，以高专业度彰显企业实力

随着时代的前进，客户对企业、企业对人才的专业度要求越来越高。人们动辄以"专业"程度，来决定是否合作或取舍，高专业度成为彰显个体和企业实力的重要指标。

1. 聚焦专业领域，提升专业能力，发展专业人才

有这样一句俗语："爱一行，干一行；干一行，专一行。"这句话主要是告诫人们，要保持聚焦、专注，发展自己的专业能力。那么，什么是专业呢？

在很长一段时间里，专业一词被赋予这样的定义："专业是指人类社会科学技术进步、生活生产实践过程中，用来描述职业生涯某一阶段、某一人群，为了谋生，长时期从事的具体业务作业规范的词。"我们可以简单地理解为，一个人长期从事某项工作，具有较深的造诣，那么他就可以称得上是"专业的"。

华为对员工"专业度"的培养是极为重视的。任正非曾专门撰文，在《致新员工书》中鼓励华为人："希望你们丢掉速成的幻想，学习日本人踏踏实实、德国人一丝不苟的敬业精神。能把某一项技术精通就是十分难得的。您想提高效益、待遇，只有把精力集中在一个有限的工作面上，否则就很难熟能生巧。您什么都想会、什么都想做，就意味着什么都不精通，任何一件事对您都是做初工。一项工作努力钻进去，兴趣自然在。我们要

造就一批业精于勤，行成于思，有真正动手能力、管理能力的干部。"在华为内部，至今还传承着一个观念——板凳要坐十年冷。

一次，任正非走到一个华为的实验室，和一位工作人员随意地聊起来。任正非问道："老产品的不断优化和对新产品的开发，你更喜欢哪一项？"没想到，这位工作人员说："我当然喜欢新东西越多越好，将来离开华为后，还好就业。"

任正非听到后非常生气。他告诉这位工作人员：在华为公司工作，就相当于在给一条铁轨上的某段枕木钉钉子；如果到了微软公司，那么普通员工可能连钉钉子的机会都没有。因为，微软公司的分工比华为公司的分工精细得多，员工要做频带更窄、更细的工作。所以，如果一个人不愿意在一个很小的领域里"坐冷板凳"，而选择广泛涉足多个领域，那么他在每个领域都会难以深入研究，自然也无法真正达到"专业"。

马尔科姆·葛拉威尔曾在《异类》一书中提出了"1万小时定律"，就是不管一个人要做一件什么事，只要他能够坚持到1万小时，那么他基本上可以获得在这个领域里的专业能力。很多研究者发现，任何一位世界级的专家，如钢琴师、作家等，他们在专业领域上的持续练习基本不会低于这个神奇的临界量数字。

在企业中，很多人抱怨自己的付出没能获得应有的回报，很大一部分原因就在于他们不能聚焦于某一点去提升自己的能力。事实上，只有人们能够甘于寂寞，能够将有限的精力投入各个领域的研究，才能让企业获得核心竞争力。而企业更是需要培养形形色色的专业人才和专家，再将他们加以组合，才能成为一个具有超强执行力的战斗兵团。

2. 面向一线实战，让专业理论与实践结合

一个人即便已经具有极为深厚的理论功底，如果他尚未在一线前沿经

历扎扎实实的锻炼，也是很难茁壮地成长起来的——他更可能发展成为一个"伪专家"，仅仅流于高谈阔论、纸上谈兵。所以，企业除了需要关注企业成员在理论知识方面的积累，还要强调他们在实践经验方面的深度打磨。如此造就出来的人才，才会是真正意义上的专家级人才。

任正非呼吁华为的一些中高层领导也要像新员工一样，经常到基层承受煎熬之苦；要通过一线实践，获取更多的管理经验，让自己成长为真正的专家。任正非在《追求专业造诣，走好专家路》一文中说道："对于专家的培养，我们过去有一些成见和误解，往往认为总部才是专家的摇篮。理由很简单而且看似合理：总部资源丰富，视野开阔，同时距离研发最近，从而使做一线时间过长也成为很多人解释自己技术退化、知识沉淀不足的自然而然的借口。这些认识固然有一定的道理，但是仔细推敲却不见得有其内在的必然性，并且容易让人忽视一线实践对于专家培养的重要性。正如有位客户这样评价我们的技术人员：你们有些专家能讲清楚光纤的种类，而讲不清楚光纤的熔接；能讲清楚设备功耗的指标，却无法为我推荐一款可靠的电池；能讲清楚业务发放的流程，却从来没有去过运营商的营业厅。"

任正非深信，实践出真知。华为员工在入职之初，往往都已经具有丰富的理论积累；如果他们能够再经历一线"战火"的洗礼，那么他们的能力会得到飞跃式的突破，成为企业真正可用的实战型人才。事实证明，任正非的观点是正确的，在华为，只有那些勇于实践并善于总结的人才能找出自己存在的问题及存在问题的原因，当他们及时更正后，便快速地成长起来。

2007 年 5 月前，姜一民（化名）一直在华为某研究所从事产品开发工作。但是，他对产品的一线应用并不清楚，日常工作难以顺利展开。于是，姜一民白天忙于学习产品测试，到了晚上则一头扎进书堆，努力找出一些跟自己的工作有关的现实案例，然后按照自己的理解重新写下来。

一次，姜一民和他的团队一起，去参加 V 项目的第一个商用网启动仪式。在验收测试中，大家遇到了一个语音与数据业务组合的用例，测试结果总是失败。大家为此一筹莫展。这时，姜一民突然想起一个自己曾经查过的案例，立即茅塞顿开，将问题很快解决了。这件事使他深刻感受到了在实践案例中总结经验的益处。

2009 年，姜一民被委派到一个号称"世界上最寒冷的地方"的海外办事处，白天的室外温度达到了零下 30 摄氏度。在这种寒冷的作业环境下，姜一民每次去现场处理问题时，都会详细记录每个操作细节。待回到基站后，他便开始总结其中最有价值的部分，编写成实践案例，然后在公司网站上发表和分享。就这样，他从一个对一线技术一窍不通的"菜鸟"，一步步地成长为实实在在的"一线专家"。

可以说，在实践后再对专业理论进行归纳总结，会让一个人的能力获得飞跃式提高。很多成功企业的发展经历也证明了这一点，只有那些从实践中摸爬滚打出来的人，其专业能力才更值得信赖，其专业表现才更具有震撼力。

3. 以专业为基础，选择员工能够胜任的位置

麦肯锡创始人马文·鲍尔认为，专业人士必须具备四种能力，即先见能力、讨论的能力、构思能力以及适应矛盾的能力。人们要根据自身这些能力比重的不同，选择自己能够胜任的职位。日本著名管理学家、经济评论家大前研一的观点更为直接。他说，聪明而高效的管理者绝不会盲目地

组织和安排工作，他们会先行根据每个人的能力和特点进行科学分工。

在《思考的技术》一书中，大前研一回忆道："在麦肯锡的两年中，我不知不觉就分析了将近2000个案子。刚开始的时候都是我自己进行分析，后来发现如果仅凭一人之力，实在不堪重负……"

在难以承受的巨大工作压力之下，大前研一不得不主动探索一种能够解决这一烦恼的方法。他开始与团队中的其他咨询顾问分工合作，集中处理问题。但是，大前研一不久后又发现，他按照个人想法为每一个下属安排好这些既定工作后，这些咨询顾问仍然未能呈现出理想的工作效率。

大前研一决定再次调整分工模式。首先，大前研一会让每个项目的参与者说出自己擅长的领域，然后由他提出假设，再根据这些项目参与者的个人专长自主抉择、确认分工。这样一来，那些擅长收集资料的参与者便会去积极地寻找可以印证先期假设的资料，而那些思维敏捷的咨询顾问则会按照之前预先做出的指示进行资料解析工作。

各项工作都这样按部就班地循序推开。大前研一让所有人都像在画一幅画，画上一个自己最擅长的图案，最终以集体的力量呈现出一幅丰富、齐整的图画。

所以说，任何一个人在某一领域都会具备一定的专长，如果抛开专业，将他放在一个不能胜任的位置上，那么这个人往往难以取得领导所预期的成效，而且会对企业发展造成极大的危害。反过来，如果这个人能在自身能力的基础上，被安排或自主选择一个可以胜任的岗位，那么，他取得优异成绩的难度会大大缩小，其专业能力会更容易得到发挥，创造出超凡的工作成果。

三、以标准为据，不打折扣，保证工作落实效果

执行工作时不宜单纯追求速度，效果也是要有保证的。为了确保工作结果的稳定可控，企业可以借助标准化管理方法。具体而言，就是将工作过程和工作方法进行分解、优化和统一，使员工形成不打折扣的惯性行为。

1.避免过度依赖个人，以标准化思想保证工作落实效果

企业要想长治久安，就要拥有超越个人英雄主义的流程化管理，实现"无为而治"才是企业持续发展的源动力。"无为而治"是指企业不再过分依赖管理者或某个人，而是通过标准化程序，使员工个人形成习惯，掌握正确的工作方法，从而实现良好的自我管理和自我控制。

1998 年，华为进入了第二次创业时期。这一年，华为的销售额比 1995 年激增 6 倍，金额达到惊人的 89 亿元，更为可观的是，在国内的主要城市都有华为的核心产品。在交换机市场，华为超越了世界巨头朗讯和西门子，成为最大的供应商之一。

在如此辉煌的成绩面前，任正非希望，华为不要成为一个人的企业，不再像以前那样仅仅凭借几个高层管理者的经验和能力去做出判断或决策；在流程上工作的干部，不再习惯于事事都请示上级；对于已经有规定或者已经成为习惯的事务，不必再请示，而应快速让它通过。所以，任正非向华为人提出号召："我们要逐步摆脱对技术的依赖，对人才的依赖，对资金的依赖，使企业从必然王国走向自由王国，建立比较合理的机制。""慢慢

淡化企业家对它的直接控制，那么，企业家的更替与生命终结就会与企业的命运分离了。长江的流动是最好的无为而治，不论你管不管它，都不影响江河万古流。"

很多企业在创立初期，工作标准还不太健全，人们凭借自己的工作经验和能力进行决策和工作。一般情况下，员工都会习惯性地向管理者请示命令，甚至是一些中高级管理者都习惯于事无巨细地请企业领导层做决策。这样一来，极大地降低了工作效率，也容易滋生官僚习气。

比如，当老员工离开企业之后，他会将所有已发生问题的应对方法、工作技巧等装在自己的脑子里带走，而新员工则可能再次遇到企业曾经遇到过的问题而慌乱面对，需要重新探索处理方法；即便在工作交接时进行过技能传授，但仅仅凭借个人的大脑记忆也很难完全记住。而且，如果没有标准化管理，不同的老师会教出不同的学生，即便是同一位老师也可能教出不同的学生，其工作结果的一致性情况可想而知。

因此，当企业规模在逐渐扩大或存在大量的人员流动时，企业必须快速推动自身向标准化管理方向转变，塑造出不依赖于个人的标准文化。这样，企业才能缩小个体工作差别，消除不合理的或不必要的程序，提高工作结果的一致性和可控性，保证企业的规范有序运作。

2. 科学设计工作标准，确保标准的体系与传承性

企业推行标准化管理首先需要考虑的就是工作标准的设计问题。企业可以根据企业各层级在企业中所履行的职责和扮演的角色的不同，分别制定相应的工作标准。

通常，工作标准可细分为作业标准和管理标准。其中，作业标准是指针对日常作业而设计的标准，主要包括工作程序与作业步骤、方法与标准、原料与用具、人员配置等方面的内容。而管理标准是指针对企业中需要协

调统一的管理事宜而设计的标准，通常有管理基础标准、管理方法标准、管理工作标准等类型。

1998 年，华为引进了英国 NVQ 企业行政管理资格认证方法，并率先在秘书部建立了任职资格认证体系，制定了一套文秘行为标准。华为引入任职资格标准的目的是帮助华为实现标准化管理。对此，任正非是这样说的："英国这个国家，法治管制和它的企业管理条例是非常规范的，在世界上应该是高水平的，你看看英属殖民地，法治情况都很好，都是源于它周密的、全面的法治环境建设。"华为的任职资格尝试获得了巨大的成功。这一举措既解决了秘书群体的职业发展通道问题，又极大地提高了秘书们的工作热情，使他们的工作效率得到了明显的提高。

企业工作标准不但要具有体系性，还要具有传承性。

任正非曾对西门子的产品和员工工作标准给予了高度评价："西门子的产品具有很好的继承性。很多运营商，尤其是固网的运营商始终面临着来自资本市场的压力，必须降低资本开支。华为不能只着眼于控制和降低硬件产品的价格，同时也需要降低整体解决方案的价格，包括软件、服务，以及其他的相关支出。因此，华为要在国际上树立自己的品牌，就必须拥有具有继承性、可扩充性的产品，也就是说，所有产品都要严格按照一定的标准进行开发，运营商购买后只需要升级就可以了，不用将整套设备全部替换。"

可以说，企业恰恰是通过这种标准化方式实施了企业成功的基本原则和要素系统化、规范化、制度化，将企业家的智慧转化为企业的智慧，并且使其得以持续传承下去。

3. 严格落实工作标准，使"人治"变为"法治"

需要注意的是，标准系统形成后，企业还要确保标准得到严格执行。华为内部曾发表过一篇《标准不是一纸空文》的文章，对华为员工不遵从流程和标准的行为提出了批评意见："作为个别用户，您也许体会不到标准有多么重要，但作为一个大型制造企业的内部 IT 热线中心的员工，我们深深感到制定和推行标准的必要性和紧迫性。当今，信息技术迅猛发展，产品换代速度日益加快。像我们这样拥有 1 万多名员工的大公司，如果计算环境不实施标准化，各部门或个人的硬、软件平台全都根据自己的需要进行选择和配置，势必会出现五花八门的情况。那么一旦有人遇到故障，很难想象能够寻出一位'全能技术好手'来应对它，即使是整个 IT 热线中心倾城出动，也未必能够应付这些千奇百怪、毫无规律可循的软件、硬件故障，更谈不上经验积累。"

可以说，未被严格落实的标准体系，如同空中楼阁；唯有让标准真正落地，才能使之发挥作用，帮助企业从以往的"人治"变成科学的"法治"，实现工作的有序开展。为了能够让标准有效落地，企业必须要消除人们对标准化管理的认知异议和抵制情绪。

（1）消除认知异议，使人们具备标准化管理能力

有相当一部分人对工作模式的标准化和优化是表示认可的，但是他们对标准本身的界定和设计并不满意。一个最常作为异议抛出的问题是：这种工作做到这样的程度，就算是标准水平了吗？因为，如果他认为标准过高、过严，他会继而认为该标准是难以达到的，所以他"不给自己增加麻烦"——不去落实标准；而对于他而言，标准水平偏低、宽松，又可能使他认为挑战价值低，或认为"标准不完善"、不值得他去努力落实。

对于这种因对标准本身的质疑而抵触标准化建设工作的情况，企业可以采取的做法是：以最优表现作为标准。这一点与日本著名的"生产管理的教父"大野耐一的观点是一致的。

大野耐一认为：应该将使用时间最短的那一次或工作完成数量最多的那一次作为标准。部分管理者认为，这样的标准是比较苛刻的。

大野耐一对此做出的解释是：之所以选择时间最短或数量完成最多的那一次作为标准，是因为人们在那一次工作时采用了最为正确的方法。具体而言，即使对同一项工作任务操作10次，如果每次都采用相同的操作方法，那么在时间上也仍然会存在一定差异。时间最短，恰恰是因为人们使用的方法是最恰当的。但是，为什么人们在其他9次的操作中却花费了更多的时间呢？即便人们使用的时间实际不多（也许仅仅是短短的几秒钟），但仍然需要分析出个中原因到底是什么。

而当标准下达后，企业还要注意标准化实施的问题，安排管理者和导师去宣传贯彻工作标准的具体落实；对于能力不足的人员要在技术和方法方面给予一定的帮助和支持，使之具备参与标准化管理的能力。

（2）消除抵制心理，使人们认同标准化对自己的益处

在企业中，有一部分人并不关注标准内容设计问题，认为标准化管理对自己毫无益处，故而对其表示抵制。其实，之所以存在这种认识，是因为他们尚未认识到标准化管理的好处。可以说，大部分企业的标准化管理背后都蕴藏着前人曾经犯下的错误或走过的弯路，实施标准化管理就是充分利用已有的经验教训，避免重蹈覆辙。

如果仍有人员沉溺于旧有工作模式而对标准化管理缺乏热情甚至非常抵制，那么不妨借鉴华为的做法：将不能胜任工作、不服从调动的人员全部调离，采取脱产学习、调岗、调薪等措施，使人们珍惜自己的工作，以端正的态度对待标准化管理。在如今的华为，每个人都能够在一段流程中进行较为标准的运作，彻底实现"无生命的管理"状态。用华为人的话来

说就是：管理者每天都打高尔夫，公司也依然能够持续健康地发展。任正非说："我相信这些无生命的管理会随着我们一代又一代人死去而更加丰富完善。几千年后，不是几十年，这些无生命的管理体系就会更加完善，同时又充满活力，这就是企业的生命。"可以说，这是企业标准化管理的成功典范。

四、达者为师，自主学习，以员工进步助推企业晋级

在企业实践中，企业对于员工能力的培养，应从培养其学习意识入手。为此，企业要鼓励人们为自己寻找适合的老师，通过自觉、谦虚、持续的学习，持续提升个体的专业能力，由此保证和提高自己的工作和执行效果，推动企业持续发展与晋级。

1. 向前辈学习经验，积极开拓学习渠道

麦肯锡前董事长兼总裁弗莱德·格拉克说："无论工作中遇到什么问题，都不要一个劲儿地反复去试图独立解决它，简单的尝试后如果无效，就应该立刻想到求助。"科学利用前辈经验，坚持杜绝无效劳动，这是提高执行力的一种有效方法。

在麦肯锡，如果在某个咨询项目的个别环节中遇到了操作瓶颈，那么项目组的咨询师们便会集在一起，通过集体讨论来探索最好的解决方案。在这些讨论会上，有一个极为重要的环节便是：探讨该瓶颈问题是否在其他咨询案例中曾经出现过。

如果答案是"该工作瓶颈曾经出现过"，那么，项目负责人便会找来曾经处理过类似状况的咨询顾问，向他们学习这方面的经验，并请其指导接下来的咨询工作。这样做的好处是显而易见的，它可以帮助人们节省大量的探索时间，且可以少走很多不必要的弯路。

为了让员工们更好地相互学习，麦肯锡公司还专门建立了一个电子数

据库，名叫 PD 网。这个数据库里汇总了麦肯锡公司的所有项目和内部研究报告。

叶远扬是常驻新加坡分公司的麦肯锡全球资深董事。在还是个初级咨询顾问时，每次项目进行初期他都在 PD 网上搜索那些对当下项目有所启发的案例，比如类似的行业或企业问题等。在此过程中，他学到了许多自己不曾经历和掌握的知识和解决问题的方法。更重要的是，这一方法会对其所在项目组接下来的工作方案设计与执行发挥极大的作用，帮助他们大大提高工作效率。

华为对学习呈现出许多企业无法想象的重视。早年，华为将学习以任务形式下达给员工，并尽可能为每一位华为员工提供更多学习和深造的机会。

1998 年，IBM 公司的近 50 位咨询顾问进驻华为，协助华为实施内部管理变革。随后 5 年里，华为专门组建了一个多达 300 人的管理工程部，专门配合 IBM 顾问的日常工作。为了最充分地学习 IBM 专家所掌握的知识经验，任正非要求管理工程部对接组的全体成员"要不遗余力地缠着 IBM 专家，进行交流和学习"。而且，任正非还经常询问顾问对接组的工作人员："有没有请顾问们吃饭？"这里的"吃饭的过程"实际上也是他们的学习过程——在拉近双方距离、联络彼此感情的轻松氛围中，更轻松地学习到更多的知识与经验。

一位华为高管在回忆这个阶段的经历时称："我们几乎每晚都会请 IBM 的专家吃饭，恨不能用 24 小时都去持续地询问各种工作细节。但是，那些专家喜欢喝茅台，每次餐费都很贵，让我签单时时常感到犹豫。好在任总给我们划拨的预算非常充足，这也是为了支持我们全力以赴地学习。"

可以说，这种全面系统又拼尽全力的学习，不仅丰富了华为人的大脑，同时也打通了企业快速进步的道路。近年来，华为之所以能够成为中国移动通信设备领域的霸主，正是因为华为人从过去的主动学习发展到了如今自主创新的境界。

毋庸置疑，充分学习和利用前辈的成熟经验，能够使人们避免重复劳动，避免走过多的弯路，进而更快速、更有效地完成企业目标。

说到这里，或许有人会说："我们企业规模小，无法像麦肯锡那样建立数据库，或像华为那样为员工创造学习机会和条件。"其实，我们也可以拓宽学习的思路，开放学习的思维。利用前辈经验并不一定是借助常规途径，我们还可以利用向前辈请教、虚心拜师等途径；如果不擅长面对面的求教，也可以借助行业杂志、互联网等，来与前辈或专家建立连接，习得宝贵经验。

2. 达者为师，聚焦目标领域，寻找自己的导师

在寻找前辈和专家的过程中，常常有一些人碍于面子而感到困难重重，觉得张不开口。这种情况对于一些年纪稍大的人尤其。近年来，知识发展极快，一些年纪较大的人对新知识技术的接受速度比年轻人稍慢一些；但是因羞于向年轻人学习，又使得他们的知识储备更为过时，工作能力越来越弱。针对这种情况，以华为为代表的很多企业采取了一种极为有效的学习方式——全员导师制。

在华为，所有员工都会得到导师的具体指导，并且所有员工都通过"导师制"而获得了能力的提升。在选择与安排导师时，华为并不讲究论资排辈，而是完全凭借"导师"的真才实学。

对于新员工，华为会直接安排技能熟练的老员工作为他们的导师。在

业务技术方面，担任导师的人员要承担起知识传授、工作帮助、行为带领的全面责任，在思想上更要引导徒弟形成正向的思想，让徒弟以更快的速度、更好的状态去适应岗位工作。而如果一些资历老、级别高的老员工被调至新的岗位，且遇到了需要学习的地方，华为也会为他们安排一对一的导师。有时，这位导师甚至可能是这些老员工若干年前的学生。虽然后者的工龄相对较短、资历尚低，但只要他在这一岗位工作中表现出了更强的能力和更高的水平，那么昔日的学生也可以成为如今的导师。

在这种学习氛围下，人们自然而然地接受自己的导师指导，无须害羞，只要努力学习即可。实践证明，这些实施全员导师制的企业，帮助新员工快速度过了进入新环境的"磨合"期，高效实现了企业文化的代际传承；同时也帮助老员工实现了知识的快速更新，推动企业的持续迭代。而在这样的学习过程中，也大大强化了所有企业成员的合作精神，提升了企业的凝聚力，从而更好地推动整个企业的持续进步。

3. 自觉学习，持续提升执行力，促进人与企业的共同进步

世界 500 强企业中流传着这样一条知识折旧定律："一年不学习，你所拥有的全部知识就会折旧 80%。你今天不懂的东西，到明天早晨就过时了。现在有关这个世界的绝大多数观念，也许在不到两年的时间里，将成为永远的过去。"因此，任正非这样说道："一天不进步，就可能出局；三天不学习，就赶不上业界巨头，这是严酷的事实。"也就是说，即便今天你被称为"专家"，你也不可以停滞不前；而你的专业程度若要持续提升，对自己的潜力进行再挖掘，则必须借助持续的自我优化。

（1）自觉地学习

未来社会的"文盲"已不是那些不识字的人，而是那些不主动学习的人。因此，德鲁克说："真正持久的优势就是懂得怎样去学习，就是懂得怎

样使自己的企业能够学习得比别人更快。"作为世界 500 强企业的一员，华为公司一直提倡员工自觉地学习，并成为公司的资本。

任正非说："我们提倡自觉地学习，特别是在实践中学习。你自觉地归纳与总结，就会更快地提升自己。公司的发展给每个人都创造了均等机会。英雄要赶上时代的步伐，要不断地超越自我。"

（2）坚持不懈地学习

在这个竞争激烈的时代，每一个优秀的企业人都要与时俱进，迫使自己不断地学习，不断地进步，一步步走向成功。在那些通过不断学习成长为企业领袖的成功人士中，我们不得不提起被誉为"全球第一女 CEO"的惠普公司前总裁卡莉·费奥瑞纳。

卡莉·菲奥丽娜在学校研修的是法律专业，按照人们的传统认知与理解，她本该去从事律师工作，而不是去惠普这类技术创新型企业中担任领导者。虽然她曾经学习过历史和哲学，但是这些知识并非担任惠普公司领导者的必备知识。显然，她是通过持续的学习与自我优化，才成功获得了足以胜任 CEO 工作的能力的。

后来，卡莉·菲奥丽娜总结和回忆在惠普的经历："不断学习是一个 CEO 成功的最基本要素。这里说的不断学习，是在工作中不断地总结过去的经验，不断适应新的环境和新的变化，不断体会更美好的工作方法和效率。""在惠普，不只是我需要在工作中不断学习，整个惠普都有鼓励员工学习的机制，每过一段时间，大家就会坐在一起相互交流，了解彼此和整个公司的动态，了解业界新的动向。"

为了在激烈的竞争中胜出，卡莉·菲奥丽娜和所有惠普人坚持不断地学习，谦虚地向他人学习，不断地吸取经验和弥补不足，以此来持续提升

自己的专业能力水平。

在这个快速变化的时代，每一家企业都希望他的员工能够持续成长，以更专业的姿态应对企业发展，给企业带来更多的价值。而对于任何一个企业人来说，唯有学习、学习、再学习，实践、实践、再实践，让自己的专业度得到提高，才能更好地适应企业发展的需要，不被快速发展的社会淘汰。

第九章
人尽其才，打造事业共同体，
共同实现商业成功

    21 世纪，得人才者得天下。对于企业而言，人才是企业生存与持续发展的动力支持。企业必须拥有足够多的优秀人才，打造出一个愿意为实现企业未来目标而竭力奋斗的事业共同体。唯有如此，企业才能形成一股足以碾压竞争对手的强悍的人才优势，才能成为企业启动业绩增长和走向商业成功的强力引擎，才可能在越来越激烈的市场竞争中坚守住来之不易的一席之地。

一、以企业事业为个体事业，共同实现商业成功

企业管理有三重境界：第一重境界是建设利益共同体，第二重境界是建设精神共同体，第三重境界是建设事业共同体。一个目标长远的企业，在对人才进行管理时会全力打造第三重境界，使人们在对待企业事业时能够像对待个体事业一样倾尽全力，从而共同实现商业成功。

1. 从"积极参与"到"关注结果"，为价值实现负责

个别管理者可能认为，只要让员工积极参与工作，就是打造了事业共同体。其实，让员工积极参与仅仅是员工呈现的一种良好的工作态度，而对于企业来说，更重要的是人们能够为结果而努力和负责。

某纺织集团接了一个订单：有一款衣服需要装上五种撞钉，总共140颗，其中有两种撞钉有40%的概率会打破衣服。当时，有一位跟单员主动承担下这项工作。他先是找到客户协商，确认该服装方案细节是否能加以修改，但客户坚持不作更改。于是，这位跟单员选择了三家厂商开展撞钉模具实验；最后，该企业选中了其中一家作为合作商，并要求该合作商派出专业技术人员协助此项目的开展工作。

在这段时间内，这位跟单员每天的工作时间都达到了10小时以上。让人没想到的是，在即将出货时他却发现，其中一种撞钉原本被认为没有问题，结果却出现了大问题。这一事件导致该企业不得不延期交货，企业因此损失了1.8万元。

案例中的这位跟单员，非常积极地承担任务，非常努力地工作，但最后却给企业造成了一笔损失。还有一些员工常常抱怨："没有功劳，也有苦劳。"这话乍听之下似乎很有道理，但实际上，拼命、加班和苦劳都不等于结果。

在一条道路边上，有两个工人正在忙碌地工作着：第一个人按照1米的间隔距离持续挖坑，而跟在他后面的人则把他刚刚挖好的坑再进行回填。如此反复，两个人都非常忙碌，甚至忙得满头大汗。一位从这里经过的路人见状，感到非常困惑。他问那个正在挖坑的人："为什么你刚挖好坑，你后面这个人就又把土填回去了呢？你们是在做什么？"

挖坑人抹了抹汗水，回答道："我们是在种树。我负责挖坑，第二个人负责种树，第三个人负责填土。只是今天很不凑巧，那个负责种树的人请假了。"路人接着问："现在这样，你和后面这位岂不是在白费力气吗？"挖坑人回答："没关系，我们只要各司其职就行了。"

从这两个事例可见，即便人们具有积极参与和各司其职的态度，但却并不能把握工作结果的走向。而那些未能输出有效价值的工作，不过是做了一次无用功而已。但是，任何商业成功都必须依靠有价值的结果来维持企业的生存和发展，而员工则必须以对结果负责的责任心，去保障其行为最终能够产生真正有价值的结果。

2. 选择部分优秀员工，优先建设事业共同体

近年来，很多企业都在通过"打造共同事业"的方式，凝聚其创始人团队，推动企业走向繁荣。这些企业中，有的将"事业共同体"的建立锁定在数位成员身上，比如"小米七龙珠""阿里巴巴十八罗汉"；也有的企业是尽可能将所有对企业有贡献的奋斗者全部纳入"事业共同体"之中，

比如华为。

相比较而言，华为这种做法有助于激发更多优秀成员的培养。在实践中，企业可以借鉴华为的这种做法：先选出一部分表现优秀的员工，让这部分员工率先成为企业的"事业共同体"，在企业中呈现其优秀行为，发挥示范作用。

华为是以股权制度为基础，来建设事业共同体的。一直以来，华为始终坚持不上市。所以，华为特别设计了虚拟股权制度。华为最初设定虚拟股权制度时，形成了五条入选"事业共同体"的人员评估的标准，这五条标准分别是：

（1）能够举荐优秀人才，用比他强的人，有胸怀，能站在公司立场上想问题的人。

（2）在生产领域有重大改进的人。

（3）在研发领域有重大的创造性发明、发现的人。

（4）能开拓战略市场的人。

（5）对组织原则、文化价值观念形成有重大贡献的人。

在华为，凡是具备以上条件之一的人才都可以被优先授予股权，并纳入华为的"事业共同体"中。对于进入事业共同体中的优秀人才，华为给予的是上不封顶的分红和大笔的奖金。也就是说，企业效益越好，持股员工所能得到的奖励越多。这样一来，企业中剩下那80%的员工也会自我激励，让自己尽快加入持股人的行列之中。慢慢地，华为的事业共同体便在一路艰苦奋斗的过程中打造出来了。

值得注意的是，企业打造事业共同体并不是一蹴而就的，而是循序渐进、逐步成就的。而且，这个过程并不仅仅是为了激励企业中的一部分人，而是为了团结所有员工，使所有人为企业持续发展而全力奋斗。

万科地产总经理郁亮曾经在拜访华为之后这样慨叹："华为人才像真正意义上的事业共同体人。它跟一些电信公司都有合作，员工都是股东，它现在有 8 万人的内部股东，它的虚拟持股，完全可以理解为是合伙概念。……有的企业中，大老板一人持有股份太大，在这种情况下，即使全员持股，我都认为这是一个内部公司。但如果大老板股份不太多、很少，这时候全员持股，这才叫合伙公司。"郁亮的这一段分析是值得人们深思的。

在这个竞争空前激烈的时代，企业领导者不仅仅要明确自己的事业所在，还应让每一位企业成员认识到"这个事业是大家的事业"，并能够通过制度落地而使这个事业成为真正意义上的"大家的事业"。

3. 珍惜同甘共苦之人，建设坚不可摧的共同事业

奥斯特洛夫斯基说："共同的事业，共同的斗争，可以使人们产生忍受一切的力量。"企业的领导者如果能够融入企业人才队伍，使企业上下能够同甘共苦，那么这个企业将是坚不可摧的。

同甘共苦是华为的企业文化之魂。在华为，企业上下同甘共苦，除了工作的具体内容有所差异之外，华为人的高层领导不安排专车，他们在吃饭、看病时同样要排队、要付费。在工作和生活中，遵行上下平等的原则，其中不平等的部分基本已以工资形式予以体现了。在华为，没有人享受特权，集体奋斗，同甘共苦。即便是任正非本人，也并不挥金如土。1996 年 3 月，华为为了和南斯拉夫洽谈合资项目，由任正非亲自率领一个十多人的团队，入住位于贝尔格莱德的香格里拉酒店。他们订了一间总统套房，每天房费约 2000 美元。然而，这个房间却并非任正非独享，而是用于所有人打地铺睡觉、休息。

华为人的共甘共苦精神和艰苦奋斗的作风，给华为带来了有目共睹的发展。华为每一年的财报都是极度喜人的。即便是在遭受美国实体名单以及国际市场的"围追堵截"的 2019 年，华为也实现了 8588 亿元的营收，同比增长 19.1%，为员工发放的奖金高达 20 亿元。

在追求平等、同甘共苦的领导的带领下，员工也会自然而然地以更加饱满的工作热情和更加努力的工作态度，全力投入到企业的集体事业中去。可以说，这种能够同甘共苦的事业共同体，成为企业推进其实现商业成功的直接动力。这是值得每个企业重视和努力的。

二、知人善用，人尽其才，充分发挥个体价值

古罗马时期的哲学教父奥古斯丁曾经说过："万物的和平在于秩序的平衡。秩序就是把平等和不平等的事物安排在各自适当的位置上。"在企业管理中，最合适的人才才是最好的人才，而且，合适的人才也要在合适的位置上，被给予合适的机会，才能充分发挥其价值。

1. 发掘最合适企业的人才，让专业的人做专业的事

每一个岗位都有每一个岗位的专业要求，每一个个体都有其特长。将一枚螺丝帽安装在设备中的合适位置上，可以使整套设备顺利运转；而如果将它放在垃圾箱里，就只是一件小废品而已，因为它的作用无法在垃圾箱里得以体现。

据统计，在企业管理中，如果个体能力与岗位不对口，会给个人才华造成 20%～30% 的浪费，这种浪费现象被称为"错位效应"。至于出现这一现象的原因，心理学家认为主要是由心理不适应造成的。

"岗位心理适应性"是说在岗人员的自我心理特质（比如兴趣、性格、能力）应与岗位所要求的心理特点（包括岗位兴趣、岗位能力、岗位性格等）相适应。这种岗位心理适应性在安排岗位的过程中有着特殊的重要作用——动力作用、乐业作用和效能作用。而岗位心理与岗位安排一旦发生错位，岗位兴趣的动力作用、岗位性格的乐业作用、岗位能力的效能作用将难以得到发挥。换言之，人在心不在，自然也就错了位。

那么，如何提高岗位心理的适应性呢？有人打了这样一个非常形象的

比喻：如果一个岗位的工作内容是爬树，最好直接安排一只松鼠，而不要安排一只火鸡。道理很简单，让专业的人做专业的事，实现人岗匹配。

2.细化岗位流程与分工，清晰传递岗位要求

一位学者曾做过这样一个试验，他在某零件厂推广通才管理方式，结果是企业上下充满了一知半解的人，比如一知半解的管理者、一知半解的技术员、一知半解的销售员……原本"术业有专攻"的员工最后变得"通而不专"，所有员工都变得趋近雷同，在这家零件厂的创业史上留下了一段效益空前低下的记录。

可见，从企业运营的角度来说，大而化之的分工方式并不利于企业发展。如果企业能够细分岗位职责，阐明具体要求，那么会更利于各类人才充分发挥其个体价值。具体而言，管理者要做好以下两项工作。

（1）细分工作内容

专业化分工可以这样形象地展现：一个大的运作环节被分割为几个小环节，由一位员工或一个小组负责某个环节，深挖单一环节所需的技术能力要求。因"深挖"，该环节员工所掌握的作业技能将日趋娴熟且高度专业化。

企业管理者可以尝试从以下方面入手：明确该环节在整个环节中的重要价值；画出落实该环节的基本流程图；找出流程操作过程中存在的不足之处，提出改良意见，并通过反复试验来证明其可行性。

（2）清晰描述职责

在岗位工作细分之后，管理者在说明岗位职责时宜遵循6W1H原则，即 Who、Whom、Why、What、Where、When 和 How，以便员工理解自己应该做什么以及怎么做。

Who（负责者）：即这项工作的实际责任者是谁，他应具备哪些素质和能力。

Whom（为谁负责）：即向谁汇报这项工作的进度或向谁提供对应的服务。

Why（岗位价值）：即该岗位存在的原因、重要程度及被赋予的期望，明确需要输出怎样的结果。

What（岗位内容）：即需要完成哪些工作任务，并对具体执行事项加以细化及量化。

Where（工作地点）：即明确工作执行的具体空间，如具体在哪个办公楼、科室、生产线等。

When（工作时间）：确定工作落实的时间范围，如从哪一天开始，到哪一天结束，共计耗时多少，等等。

How（工作方法）：了解完成这项工作的基本流程和方法，如需要经过哪几道环节，如何填写报告等。

3. 取长补短，发挥个体优势，创造出协同效应

在团队合作的过程中，有一个需要考虑的非常重要的方面：取长补短，让所有人都能发挥出自己的优势，这样才能让团队形成最大的能量场。这正如任正非所言："只要将公司内部的人黏合在一起，就能够创造出协同效应。"

小王刚刚担任 QCC（品管圈）圈长便遇到了一个让他头痛的情况：圈里的问题分类不明确，缺少定量数据，数据收集的工作量非常大。刚任职的那几天，小王独自奋战到深夜，却毫无头绪。他与上级表达了自己的懊恼与愧疚："如果做不好前期数据分析工作，我就要放弃做圈长了；我不能让大家的努力建立在一个不够牢靠的基础上。"

其上级领导却笑着说："不要因为个人技能不足，就觉得愧对圈员，你可以和大家共同努力啊！"小王恍然大悟。第二天，小王召集了所有圈员，

征求每个人的意见。随后，圈员们主动承担擅长的工作。同时，小王还向QCC 交流园地发出求助，并得到了众多圈友的支持。没过多久，小王的各方面工作便明朗起来了，QCC 工作也由此走上了正轨。

"役其所长，则事无废功。"意思是，只要一个人能够发挥其长处，那么所做的事就可以成功。同理，如果企业中每个人都能够借助别人的优势来弥补自己的不足，那么就没有解决不了的问题或完成不了的任务，并由此实现协同效能最大化。

三、给予员工关怀、认可和赞美，提升工作动力

在日常生活中，关怀、认可与赞美都是会让人心生愉悦的行为。而当企业处于充满正能量的氛围中时，身处其中的人们会更有工作动力。

1. 把握员工关怀的时机，因时因事制宜

法国企业界有一句名言："爱你的员工吧，他会百倍地爱你的团队。"管理者从员工管理中悟出"爱员工，企业才会被员工爱"的道理，因而采取软管理办法——对员工给予恰当的关怀。

（1）安排工作时的关怀

安排工作任务是落实决策和管理的关键。对此，企业管理者应有充分的思想准备，与员工沟通时一定要主题清晰、言辞果决、态度自信，这样才能使员工受到其情绪感染和鼓舞。同时，管理者也不能只顾着自己在高处发号施令，还要随时注意与员工进行和谐的感情沟通。

比如，用发问的方式来安排工作任务，这便是一种尊重和爱护员工的做法。在自尊心和荣誉感的驱动下，员工的潜在能力会得到更大程度的发挥。如果管理者一味采用生硬的命令形式，只会浇灭员工执行任务的热情，甚至扼杀其主动创造的活力。

针对一项工作任务，假如管理者这样做出安排："你必须马上完成！"那么，员工听到这句话时往往不会提出任何建设性的意见或疑虑，甚至可能会觉得强人所难。此时，如果管理者换一种口吻："让你来承担这项工作，你还有哪些困难需要解决，有哪些方面需要支持的吗？"那么，员工往

往往会更乐于接受该项工作，也会以更认真的态度去执行。这是因为，前一种讲话的方式是将员工当作完成任务的机器；而后一种讲话方式则传递出对员工的体贴和尊重。

（2）日常交往中的关怀

企业管理者与员工之间有很多接触机会，这都是在无形中关怀员工的最佳时机。管理者要端正认识自己与员工之间的关系的态度，不应有丝毫的优越感和特殊感——管理者与员工只是行政职务和岗位分工有所不同，在人权上是绝对平等的。所以，在员工面前，管理者要考虑到员工可能存在的心理障碍问题，在交往中应表现出更为主动、谦虚、平和的态度。当员工感受到被尊重和关爱的心理需求得到极大满足后，会以更努力的状态投入到工作之中。

（3）发生矛盾时的宽容与关怀

发生矛盾冲突是在所难免的。当矛盾冲突发生时，我们应以豁达的态度去对待，而不能长期介怀，甚至蓄意报复。即使对方的态度不甚友好，也应当秉持"大事讲原则，小事不计较"的原则去化解矛盾。必要时，可以在事后与对方私下交流，态度平和地与之谈心和交换意见，以期加深彼此的理解与沟通，使矛盾得到圆满化解。

2. 及时反馈员工工作结果，肯定员工的优秀表现

美国的心理学家赫洛克曾进行了一次反馈试验，并给出了一个结论：有反馈的效果要比没有反馈好很多，及时反馈比延时反馈效果好。这也给企业管理者一个启示：及时对员工的行为表现给出反馈意见。在实践中，管理者可以采用以下方法。

（1）抓住反馈的时机

通常情况下，反馈的时机越早，效果越好。因为反馈时间一久，员工可能已经把一些工作环节漏掉或是管理者会遗漏某些有问题的环节。让员

工及时了解管理者的态度和意见，可及时给予员工信心并发现问题。对此，管理者要注意做到下面两点：一是在员工表现良好或取得优异成绩时，于第一时间给予肯定；相反，员工工作出现差错，也一定要在事发当天指出。二是根据事情的轻重缓急，安排反馈的先后顺序，不要主次不分、事无巨细地进行反馈。

（2）将肯定性反馈放在谈话的开始和结尾

在谈话开始时可以这样说："你提出的这个创意方案很不错，但是目前公司的实力有限，还不想在这个领域占用太多资金。"在反馈结束时，采用赞扬的语言或轻松的话题结尾。这样会让员工更加乐于接受反馈，并继续保持优秀表现。

3. 言之有物地赞美，向员工传递积极的期望

心理学家罗森·塔尔发现，向一个人传递积极的期望能促使其行为朝着所期望的方向转变，即"皮格马利翁效应"。

传说，塞浦路斯国的国王皮格马利翁是个雕塑家。一次，他用象牙精心地雕塑了一个美丽的女郎的雕像。他每天欣赏自己的杰作，后来竟然爱上了这位"女郎"，为她取名为盖拉蒂。他给她穿上华丽的长袍，并且拥抱她、亲吻她、日夜守候着她，他期望自己的爱能被"女郎"所接受。后来，皮格马利翁的真诚感动了阿佛洛狄忒女神。女神让雕像变成了一个有血有肉的真人，盖拉蒂真的成了皮格马利翁的妻子。

如果用一句简单的话来描述皮格马利翁效应，就是："说你行，你就行，不行也行；说你不行，你就不行，行也不行。"这个道理在现实生活中也是适用的。

　　一次，卡耐基到邮局寄一封挂号信。但卡耐基发现，管理挂号信的职员好像有些不耐烦，可能是因为他厌烦了这种单调而重复的工作，也可能是因为他遇到了让他不愉快的事情，还可能是因为办理寄信业务的人数太多让他感到烦躁。

　　卡耐基对自己说："我需要从他身上找到值得我欣赏的一点，并热情地赞美他，让他高兴起来。"在排队时，卡耐基仔细观察着这位职员，等他接待卡耐基的时候，卡耐基真诚地赞美道："我真希望有您这样的头发。"工作人员抬起了头，有些惊讶但却露出微笑，说道："谢谢，可是它已经不像以前那样好看了。"卡耐基接着说："虽然你的头发失去了一点原有的光泽，但还是很好看。"这位邮局职员明显地变得高兴了，工作态度也随之发生大转变。

　　当管理者向企业员工传递积极的期望时，员工的自信心会大大提高，继而使之工作积极性和工作效率也大大提高。因此，企业管理者要想让一个员工发展得好，就要向其传递积极的期望，并给予其适度的赞美。

　　高明的赞美在于找出员工身上真正值得赞美之处，让对方感受到自己听到的赞美是真诚的，继而欣然接受，由此拉近双方的距离。而作为企业管理者，要坚信每一位员工都是人才，每个人都有能力为企业做出积极的贡献；在这样的期待与认知下去赞美，去表达期望，员工才会朝着管理者期望的方向去努力。

四、激活内部氛围，使企业上下长期保持活力

处于被激活状态的人才是企业向前发展的活力源。如果企业员工群体处于一潭死水之态，那么无论企业所处的市场环境多适宜，无论企业高层设计了多么前沿、多么系统的发展规划，企业都无法实现那个美好的未来。

1. 以差异化激励，满足员工的不同心理需求

心理学家马斯洛将人类的需求按照金字塔的形状分成五层，从低到高，分别为生理需求、安全需求、归属和爱的需求、尊重的需求和自我实现的需求。马斯洛需求层次理论在员工身上的具体表现如表9-1所示。

表9-1　马斯洛需求层次理论在员工身上的具体表现

需求层次	员工表现
生理需求	员工想要得到一份符合其能力水平的薪水
安全需求	员工想要工作安全和职业安全保障，害怕被开除
归属和爱的需求	员工想要建立和谐的人际关系，很重视和同事的交往
尊重的需求	员工渴望做出成绩、获得名声和晋升的机会
自我实现的需求	员工想要完成与自己能力相称的工作，想从事创造性工作，想成为自己所期望成为的人物

在实践中，企业管理者要针对以上常见的几种员工需求类型，准确捕捉员工的主要需求，实施有针对性的激励措施。否则，任何激励都是纸上谈兵、无的放矢，无法使员工被激活起来。

在实践中，企业员工又可被分为很多层次，如基层员工、高级技术员

工和中高层管理者等，其内心需求有时也会因其所处的组织结构层级而有所不同。这就需要管理者采取差异化的激励措施来满足员工的内心所需。下面，我们针对不同层面人才的特点，来设计相应的激励策略。

（1）对于基层员工，帮其跳出单调工作状态

在如今的企业管理中，基层工作仍然存在一些大工业生产时期的特征，比如分工越来越细，这就使基层工作显得相对单调。而这种单调重复的工作往往让基层员工觉得难以忍受。

在法国某汽车厂中，组装车间流水线在上午和下午的运转速度是不一样的：上午，运转速度快，出车数量多；下午，运转速度慢，出车数量少。因为，人们在上午刚刚上班时往往精力比较旺盛，工作效率较高，所以流水线的运转速度就很快。而到了下午，员工的精神逐渐疲倦，流水线的运转速度也就随之慢下来，从而使人们的操作更加从容有序。

这是汽车组装工厂对基层员工管理方式的一种改进，充分体现出企业"以人为本"的人员管理理念。此外，企业管理者还可参考以下几种针对基层员工的激励策略，比如，提供相对较高的薪酬福利待遇；采取岗位轮换的方式，解决员工因长期做一种工作产生厌倦感的问题；安排新的岗位、新的业务，激发出他们的工作热情；定期安排出游或培训，让员工从岗位上走出来，在学习充电的同时，也可放松身心。

（2）对于高级人才，强调事业、待遇和荣誉并重

这部分人员包括高级工程师、高级技术人员和一些海归人才。对于这类人员，可以通过建立事业、给予荣誉和提供高福利等政策方式，来强化对他们的吸引力和提高效果。

在建立事业方面，以福田汽车为例，该公司曾通过为员工建立事业，让他们在未来的事业中产生民族自豪感，由此吸引了大量海归人才。

在给予员工荣誉方面，荣誉的表现形式有很多种，比如让他们担任特级专业技术职务，这既让他们感觉到公司对他们的重视，也给他们以施展能力的平台。

在住房、子女入学、探亲、社会保险等方面，可以设计一系列高福利政策，帮助人才们全面地解除后顾之忧。

（3）对于中高层管理者，重在给予事业空间和授权

在南方某汽车厂中，曾有四个股东，各占25%的股份，无人控股。后来，他们聘请了一个人来担任总经理，这位总经理与企业投资方并无任何关系。当时，在这位总经理的带领下，企业每年创造出丰厚的利润。然而后来，四个股东把利润全部瓜分完毕，完全没有给企业留下足以持续发展的资金。这位总经理觉得这家汽车厂没有持续发展或扩大的可能，于是很快选择了离开。

很明显，如果企业中某个人一言九鼎，那么其他人的参与热情和责任感会相对降低。若中高层管理者看不到事业上升空间和相应的权力，那么很容易引发恶性竞争或产生工作倦怠感。所以，企业可以科学设计持股比例，提升核心人员的主人翁责任感。

总之，人才的差异决定了管理方式的不同，尤其在如何激发人才工作的创造性和积极性方面，永远没有"一刀切"的方法。企业只有针对人才的不同层次以及其所处发展阶段的具体需求，采取一系列具有差异化、个

性化特点的激励措施，才能发挥出激励效果。这才是真正有效的人才管理之道。

2. 适度引入内部竞争机制，让企业永葆活力

很久以前，挪威人的家庭收入主要是依靠捕捞和售卖深海沙丁鱼获得的，但是沙丁鱼上岸后基本上都已经死掉了，卖不到好价格。后来，一位老渔夫发现：如果在新打捞的一篓沙丁鱼中放入一条沙丁鱼的天敌——鲇鱼，那么就能让沙丁鱼活着上岸。这是为什么呢？原来，当鲇鱼被放进鱼篓之后，便会马上向鱼篓里的沙丁鱼发起猛烈的攻击。而生存的天然欲望促使沙丁鱼必须调动起自己全身的力量，在鱼篓里拼命地游动。这样一来，沙丁鱼们反而可以活着抵达海岸。

后来，人们把这种外界竞争者激活生物体内部的活力和能量的现象称作"鲇鱼效应"。这一效应也可以被引入企业管理中，管理者可引入恰当的竞争机制，提供各种竞争机会，以此激活企业的运作氛围。

20世纪，查理·斯瓦伯受聘于"钢铁大王"安德鲁·卡内基，成为其公司的总裁。上任后，他决定到一家钢铁厂进行现场考察。他发现，这家钢铁厂的产量下降了，于是问这家工厂的厂长："为什么其他钢铁厂的产量在逐步提高，而你们厂的产量却在不断下降？"厂长无奈地说道："我每天督促员工努力工作，都快把嘴皮磨破了，甚至有时还拿免职、不发工资和奖金来吓唬他们；但是，员工们仍然行为懒散。唉！"

当时，正值日班与夜班员工的交接班之际，斯瓦伯向日班员工问了一句话："你们今天炼了几吨钢？"日班员工回答："6吨。"随后，斯瓦伯用粉笔在交接班的黑板上写下："12月1日，日班6吨。"然后，他便默不作

声地走了。

夜班员工看到了黑板上写的粉笔字，感到非常奇怪。白班员工说："总裁今天来了，粉笔字是他亲自写的。"第二天早上，斯瓦伯又来到了工厂，发现自己前一天写的粉笔字下面多了一行字："12月1日，夜班7.5吨。"白班员工知道本班的工作业绩输给了夜班员工，心里很不开心，于是更加努力工作。那个白天，他们没有在上班时间做自己的私活，也没人擅自离岗串岗，结果炼出了10吨钢。接下来，白班员工与夜班员工展开了一场保质量、增产量、降低成本、减少浪费的工作竞赛活动，他们的产出数量在不断刷新纪录。没过多久，这家钢铁厂的产量竟然跃居公司首位。

斯瓦伯用一支粉笔提高了整个工厂的士气，而员工们突然产生的士气从何而来呢？其实是他们在企业内部的"竞争对手"带来的。做事一向拖拖拉拉的员工遇到竞争对手后，马上士气高涨，工作效率自然也提高了。

在日常工作中，企业要尝试设计各种竞争机会，比如，参加晋级培训的机会、获得提拔的机会、参加轮岗的机会，等等。大多数人都有争强好胜的心理和成长发展的期望，希望"比别人站得更高"或"比别人更重要"。这种竞争心态可以激励人们在工作中付出更多努力，表现得更加优秀。

3. 培养企业危机意识，激发全员的工作与进步热情

让人们感受到"覆巢之下无完卵"的企业危机，这也是企业激励员工的一种方法。事实上，几乎所有成功的企业，都会在企业上下强调危机意识。

例如，海尔集团以"永远战战兢兢，永远如履薄冰"为生存理念，使企业保持蓬勃向上的发展势头。小天鹅公司实行"末日管理"战略，坚守

"企业最好的时候，也就是最危险的时候"的理念，使小天鹅公司做到了防患于未然。华为总裁任正非也经常警告员工："华为的冬天很快就要来临！"这也成为华为居安思危、持续快速发展的重要原因之一。

通常，企业管理者对危机的感受是深刻的，但一般员工并不一定就能感受到这些危机，特别是不在市场一线工作的那些员工。这些员工身在企业的"大后方"，往往会因个人收入稳定而放松警惕，很容易滋生安于享乐的思想，其工作热情也会日渐衰退。因此，企业管理者有必要向员工灌输危机意识，让员工树立危机意识，燃起员工的工作激情。

比如，可以告诉员工：企业曾经取得的那些成绩都已经成为历史，在如今这个竞争激烈的市场环境中，企业每时每刻都可能遭遇被淘汰的危险。要想规避这种危险，就需要通过全体员工的努力，使企业更加强大。当然，如果企业真正遇到了一场危机，也不能以裁员减薪的做法来勉强渡过难关，而要善于将这种危机转化为员工的动力和凝聚力，群策群力地实现企业组织目标。我们来看 C.麦卡米克的做法。

在美国，某知名企业曾出现过一次濒临倒闭的经济危机。企业创始人W.麦卡米克是一位性格豪放的领导者，但他的思想观念和工作方法当时已经显示出过时落伍的弊端，以至于这家企业竟然逐渐陷入需要裁员减薪以维持运作的经营困境之中。W.麦卡米克不得不宣布要对所有员工减薪一半。

没想到，W.麦卡米克宣布的这一决策尚未落实，便不幸因病去世了。随后，C.麦卡米克继任了该公司的领导职位。然而，C.麦卡米克刚刚上任，便立刻向全体员工宣布了一项完全不同的决策："从本月开始，所有员工的工资增加一成，工作时间适当地加以缩短。不过，我希望大家都认识到，企业生死存亡的重任正落在诸位的身上，希望我们能够同舟共济，共同渡过此次难关！"

几天前，公司要减薪一半；如今，不减薪反而增加了一成，劳动时间还要缩短。这一巨大转折，让员工们瞬间惊呆了。面面相觑的员工们在确定了这个公告的真实性之后，对 C. 麦卡米克的新政表示了高度感谢，同时也表示他们愿意留在公司，付出更多的努力。就这样，整个公司士气大振，所有人齐心协力，仅仅用了一年时间便实现了扭亏为盈。

这个故事给管理者展示这样一个道理：要想使危机激励产生更大的效用，那么在发出警示的同时，也要给予员工适当的奖励。因为，任何人在危机意识的影响下，心里或多或少地都会产生消极情绪；但如果此时能够得到适当的物质奖励，那么他们会感受到巨大的鼓舞，由此呈现出高昂的工作热情。

此外，企业还可以围绕产品来制造危机感。比如，告诉员工，目前能够生产同类产品的企业到处都是，而要想让客户对我们的产品情有独钟，我们就必须开发出具有自身特色的产品。而这种特色就在于，企业可以为客户提供一种人无我有的、具有特殊价值的产品。所以，员工要努力创新，持续提高个体能力，以此带动企业的发展与产品升级。

总之，企业唯有不断地向员工灌输危机观念，让员工明白企业所处生存环境的艰难，以及由此可能对他们的工作、生活带来的不利影响，才能更有效地激励员工，使之有效践行企业的商业规划，开拓创新，自动自发地付出更多努力。

后 记

闻悉本书即将出版，不胜感慨。这本书经历了初期的调查研究、思路策划到书稿撰写，以及随后的出版审阅等。这是一个自我学习的过程，也是一个艰难而且辛苦的过程。在过去的一段时间里，围绕这本书的研究与写作，我获得了各种各样的帮助。这些帮助包括心智上的点拨、具体写作过程中的指导和资料收集论证上的协助。可以说，在这本书的创作中，很多人贡献了大量的智慧和努力，我们团队中的大部分人都参与了这本书的撰写或资料收集分析工作。这些人包括：李昊轩、魏勤、秦富山等。同时感恩中国商业出版社刘万庆、杜辉、佟彤几位老师对于本书的奉献。

在此，对以上人员衷心地表示谢意！

宋政隆

2020 年 4 月 18 日

参考书目

[1] [日] 三谷宏治 . 商业模式全史[M]. 马云雷，杜君林译.南京：江苏文艺出版社，2016.

[2] [日] 高杉尚孝. 麦肯锡问题分析与解决技巧[M]. 郑舜珑译 . 1 版 . 北京：北京时代华文书局，2014.

[3] [日] 大前研一 . 专业主义 [M]. 裴立杰译.2 版 . 北京：中信出版社，2010.

[4] 曾鸣.智能商业[M]. 北京：中信出版社，2018.

[5] 环球人物新媒体中心 . 20 堂商业思维进阶课[M]. 南昌：江西教育出版社，2019.

[6] 孙健.重构商业秩序：移动互联网时代的颠覆法则[M]. 北京：电子工业出版社，2016.

[7] 孙科炎，高垒.卖点[M]. 北京：中国电力出版社，2012.

[8] 孙亚彬，孙科炎 . 婴童经济4.0 [M]. 北京：中国人民大学出版社，2019.

[9] [美] 本·霍洛维茨 . 创业维艰[M]. 杨晓红等译.北京：中信出版社，2015.

[10] 程浩.精益商业思维[M]. 北京：机械工业出版社，2020.

[11] 华为大学.熵减：华为活力之源[M]. 北京：中信出版社，2019.

[12] [美] 德鲁克 . 巨变时代的管理[M]. 朱雁斌译.北京：机械工业出版社，2018.